정유재란
격전지에 서다

문창재 지음

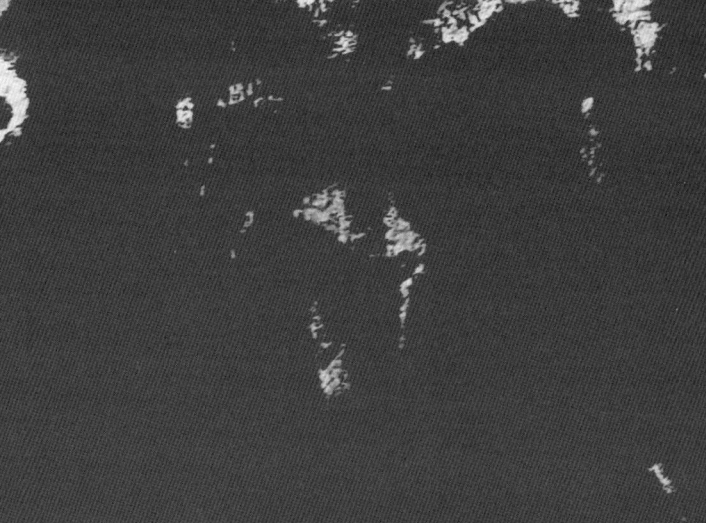

상상

목차

제1부

1. 통한과 고난의 길, 이순신 백의종군 • 9
2. 조선 수군의 치욕, 칠천량 패전 • 23
3. 아비규환, 남원 황석산 전투 • 35
4. 명량대첩, 조선의 운명을 건지다 • 48
5. 정유재란 격전지, 울산왜성 전투 • 60
6. 순천왜성 천수대에 서다 • 76
7. 잘려나간 코와 귀, 선진리 왜성 • 89
8. 성웅의 별, 노량에 지다 • 102
9. 거북선의 고향, 여수 • 114
10. 조선 수군의 수도, 통영 한산도 • 126

제2부

1. 히데요시와 바다 안개, 나고야성 • 141
2. 노예 전쟁, 도자기 전쟁 • 154
3. 도고 시게노리, 조선 이름 박무덕 • 166
4. 피랍 420년, 심수관가의 조선 혼 • 178
5. 일본 도자기의 신, 아리타 야키 도조 이삼평 • 191
6. 유배지 고즈시마의 조선 여인, 오타 줄리아 • 207
7. 피랍인 홍호연, 여대남, 일연상인 • 219

작가의 말 • 234

1.

통한과 고난의 길,
이순신 백의종군

정유재란은 명나라와 일본 사이의 임진왜란 강화협상이 깨져 일어난 전쟁이다. 처음부터 전쟁에 뜻이 없었던 왜장 고니시 유키나가(小西行長 1558~1600)는 초기부터 집요하게 명나라와 화평공작을 시도하였다. 평양 점거 후 명나라 사신 심유경(沈惟敬 ?~1597)과 정전교섭이 시작되었지만 두 나라는 동상이몽이었다. 좀처럼 교섭이 타결되지 않고 3년을 끌었다.

그러는 동안 전쟁에 지친 일본은 주력부대를 철수시키고, 부산을 중심으로 남해안 일원에 성을 쌓고 농성에 들어갔다. 몇 차례 성사될듯하던 교섭은 끝내 깨지고 말았다. 도요토미 히데요시(豊

臣秀吉 1537~1598)가 조선의 하삼도(경상·전라·충청)를 일본에 할양하고, 명나라 황녀를 일본 천황 후궁으로 삼는다는 황당한 요구 조건을 내걸었던 것이다.

임진왜란 때처럼 정유재란 선봉장은 고니시 유키나가였다. 그는 부산포에 상륙하자마자 조선 군영에 간자(間者)를 넣어 교란을 꾀하였다. "가토 기요마사(加藤淸正 1562~1611)가 곧 건너올 것이니 통제사 이순신(李舜臣 1545~1598)을 보내 바다에서 맞아 싸우면 그의 목을 얻을 수 있을 것"이라는 달콤한 유혹이었다. 조정에서는 그 말을 믿고 삼도수군통제사 이순신에게 요격을 명하였지만, 이순신은 따르지 않았다. 적의 간계로 본 것이었다.

그 일로 이순신은 체포되어 함거에 실려 한양으로 올라가고, 이순신의 자리를 차지한 원균(元均 1540~1597)이 수군을 지휘하게 되었다. 그러나 이순신 때의 수군이 아니었다. 장수와 병졸이 따로 놀았다. 삼도수군통제사 원균은 한산도 통제영에 기첩을 들이고 수하 장졸의 출입을 막았다. 옛날처럼 상하가 서로 믿고 의지하는 공동운명체 정신은 간데없었다. 그런 상황에서 처음 맞은 싸움이 칠천량 해전이었다.

정유재란 첫 해전은 부산 앞바다에서 시작되어 거제도 부속도서 칠천도 앞에서 마감되었다. 그 전투의 패전은 예고되어 있었다. 수하 장졸과 백성들이 하늘같이 떠받드는 장수를 내치고, 무능하고 용렬한 장수를 앉혔으니 어찌 이기기를 바라겠는가.

선조(宣祖 1552~1608)는 정유년(1597) 1월 28일 이순신을 삼도수군통제사에서 충청·전라 양도수군통제사로, 원균을 경상수군통제사로 발령하였다. 이순신은 한 계급 강등되고, 육군으로 전출되었던 원균이 수군에 복귀하여 최전방 수역을 맡게 된 것이다. 한산도 통제영을 거제도로 전진 배치하라는 명령을 수행하지 않은 데 대한 문책이었다.

이 인사에는 조정을 장악한 서인세력의 비호를 받던 원균 일당의 작용이 있었다는 게 정설이다. 왜군 본진(부산포)을 견제할 수 있도록 통제영을 한산도에서 거제도 동쪽 해안으로 이동시켜야 한다는 조정의 논의가 이순신의 입지를 압박하고 있을 때였다.

이순신은 그 지시를 받아들일 수 없었다. 왜군은 임진년 이래 경남 남동부 해안 요소마다 견고한 성을 쌓고 2만 정도의 병력을 유지하고 있었다. 적진이 코앞에 바라보이는 곳으로 수군총사령부를 옮겨가는 것은 섶을 지고 불길로 뛰어드는 것과 다를 바 없다는 게 이순신의 생각이었다.

이런 상황에서 그는 꼼짝달싹하지 못할 죄를 뒤집어쓴다. 가토 기요마사 군이 다시 쳐들어오는 길목을 막아 격퇴하라는 조정의 명령을 수행하지 않았던 것이다. 진노한 선조의 명으로 이순신은 함거에 실려 압송되고, 원균이 삼도수군통제사 자리에 앉았다.

죽음의 문턱에서 가까스로 살아나온 백의종군길에서 이순신은 칠천량 패전 소식을 들었다. 전멸한 수군을 재건할 방책을 찾아보려고 경상도와 전라도 포구 마을들을 순회하면서 흩어진 수군 병력을 불러 모으고, 병기와 군량을 찾아내려고 이순신은 길을 떠났다. 그 사이 다급한 불부터 끄려는 듯, 조정은 그를 다시 삼도수군통제사 자리에 다시 앉혔다. 그 인사가 기울어가던 나라의 운명을 건졌다.

이순신이 한양으로 잡혀간 것은 정유년 2월 26일이었다. 시류에 편승한 조정 중신이 모두 침을 튀기며 이순신을 죽이라고 떠드는 가운데, 노 재상 정탁(鄭琢 1526~1605)의 신구차(伸救箚·구명을 위해 올리는 짧은 상소) 덕에 그는 위태롭던 목숨을 보전하였다.

이순신이 옥에서 풀려난 것은 잡혀간 지 한 달이 조금 지난 4월 1일이었다. 다음날부터 백의종군길에 나선 그가 복직되어 다시 통제사가 된 8월의 회령포 취임식까지 불운의 장수가 걸었던 통한의 길을 차를 몰고 둘러보았다. 이순신이 5개월을 걷고 말달렸던 길을 주마간산처럼 훑어본 1박 2일 여행이었다. 회령포는 오늘날의 장흥군 회진포이다.

"합천(陜川) 초계(草溪)에 주둔한 도원수 권율(權慄 1537~1599) 막하에서 백의종군하라." 임금의 명을 받고 출옥한 이순신은 남대문 밖 관노의 집에서 아들과 조카의 마중을 받았다. 고문에 시달린 육신을 치유할 겨를도 없이 하룻밤 묵고 길을 떠났다. 합천으로 가는 길에 아산(牙山) 선영에 들러 눈물의 참배를 했다. 전라 좌수영(여수) 마을에 머물던 어머니가 귀향 중이라는 소식 덕분에 고향 집에 잠시 유해도 좋다는 허락이 떨어졌다.

그러나 그에게 먼저 당도한 소식은 어머니 부음이었다. 아들의 하옥 소식에 허겁지겁 배를 타고 서해안을 따라 올라오던 장군의 어머니가 멀미를 견디지 못하고 와병, 끝내 주검으로 돌아오게 된 것이다.

호송관의 독촉에 못 이겨 장례도 치르지 못하고, 찢어지는 듯 아픈 마음을 안고 남행길에 오른다. 공주, 여산, 전주, 남원, 구례, 하동을 거쳐 합천 땅 초계에 당도한 것이 6월 4일이었다.

초계는 도원수의 진을 둘만한 곳이 아니라는 생각부터 들었다. 도원수는 지금으로 치면 합동참모본부 의장 같은 자리였다. 전쟁 수행의 최고 사령관이 그런 궁벽한 산골에 앉아 있었다. 영호남 여러 곳으로 통하는 길목을 감제하면서 육군과 수군 작전을 지휘할 적지로 보기 어려운 곳이었다. 왜적의 내륙진출을 막으려면 군령권자가 교통의 요지를 차지하는 게 상식일 터인데, 어찌하여 굽이굽이 험한 산길로 이어진 곳에 도원수의 진을 두었던가.

도원수 진지가 있었던 자리는 아직 특정되지 않았다. 한때 초계 면사무소가 그곳이었다 해서 표지판까지 세웠다지만, 향토사학계가 들고 일어나 한동안 시끄러웠다. 그 뒤 경남도와 합천군은 마을 앞 농경지를 사들여 역사공원을 꾸미면서, 고증도 없이 호화로운 원수부 건물과 객사까지 세웠다. 많은 예산을 들인 보여주기식 사적지였다.

백의종군 당시 이순신의 숙소가 모여곡 마을이라는 이설이 있지만, 합천군 율곡면 낙민마을로 보는 설이 유력하다. 그가 묵었던 집주인 이어해(李漁海)의 13대손이 지금도 살고 있고, 당시의 일화도 전설처럼 전해져 온다. 마을 앞 정자나무 아래 백의종군길 표지석이 섰고, 그 뒤편 야산 기슭에 옛 마을이 정겹게 들어앉았다.

칠천량 패전 소식에 낙담한 도원수 권율의 한탄을 듣고 이순신은 "제가 한번 나가 보고 계책을 세움이 어떻습니까" 하고 제안한다. 그렇게 길을 나선 것이 7월 18일이었다. 곧바로 남행하여 사천 노량의 해안마을을 둘러보고 돌아오는 길에 진주 수곡면 원계리 손경례(孫景禮) 집에 머물던 8월 3일, 이순신은 삼도수군통제사 직첩을 다시 받는다.

이날 자 〈난중일기〉에는 이때의 일이 매우 덤덤하게 적혀 있다. "맑음. 이른 아침 뜻밖에 선전관 양호가 교서와 유서(諭書)를 가져왔다. 분부 내용인즉 삼도수군통제사 명령이었다. 숙배(肅拜)한 뒤에 받자온 서장을 써서 봉해 올렸다." 며칠을 두고 큰비가 내려 근심과 우울증이 심해진 탓이겠으나, 복직인사에 대한 감상 치고는 지나치게 무덤덤한 이 점이 그의 진면목이었던가.

이순신에게 미안했던 듯, 선조는 유서에서 "지난번 그대의 직첩을 바꾸고 죄인의 이름으로 백의종군하게 한 것은 과인의 지모가 밝지 못하여 생긴 일"이라고 사과하였다. 그러고는 "이토록 패전의

욕을 당하게 되니 무슨 할 말이 있으리오(尙何言哉)!" 하면서 '상하언재(尙何言哉)'를 반복하였다. 많이 미안했던 마음을 이렇게 적은 것이다.

사적지 손경례 집은 지금도 그 자리에 있다. 목화시배지로 유명한 산청군 단성에서 남으로 뻗은 지방도를 한참 달려가자니, 길가에 '백의종군길' 표지석이 눈에 띄었다. 그 옆 전봇대에 '손경례가(家)'라는 표지판이 붙어 있었다. 급히 차를 세우고 찾아들어갔으나 동네에 인적이 없었다. 한참을 찾아 헤맨 끝에 12대손이라는 손도근(孫道根·82) 옹을 만날 수 있었다.

직계자손이냐는 물음에 손 옹은 손사래를 치면서 "직계는 서울가 살고 관리인이 집을 지키고 있는데 꼴이 이렇소." 하였다. 그러면서 객이 자기 조상 이름을 함부로 부른 데 대한 불쾌감을 내비치었다. 얼른 사과하고 당시의 일화를 물었다. 마음이 좀 풀어진 듯, 이은상(李殷相 1903~1982)의 〈태양이 비치는 길로〉(1973)에 다 나와 있는 이야기라면서 "비가 많이 와서 충무공께서 우리 조상 집에 닷새를 묵어가셨다"고 자랑하였다.

비에 갇혔던 닷새를 벌충이라도 하려는 듯, 이순신은 급히 길을 재촉하여 하동-구례-곡성-옥과-순천-낙안 땅을 지나 보성에 당도하였다. 가는 곳마다 백성들이 구름같이 몰려들어 "이제 사또께서 오셨으니 우리는 살게 되었습니다" 하면서 좋아하였다. 그들은 모두 난리를 피해 산속으로 들어가는 사람들이었다. 이순신은 말에서 내려 일일이 피란민들 손을 부여잡고 부디 몸조심들 하라고 당부하면서, 안쓰러운 눈길로 그들을 배웅하였다.

젊은 장정들은 처자에게 "나는 대감을 따라갈 터이니 너희는 천천히 찾아 오거라" 하고 따라 나서기도 하였다. 노인들은 길가에 늘어서서 술병을 바쳤다. 받지 않으니까 울면서 사정하였다. 더 이상은 사양할 수 없었다.

보성 땅에서 제일 먼저 찾아든 곳은 조양창(兆陽倉)이었다. 다행히 이 국창(國倉)에는 곡식이 봉인된 채로 남아 있었다. 순천 부유창 등 지나온 고을마다 창고가 잿더미가 되었는데, 군량으로 쓸 곡

▲ 삼도수군통제사 직첩을 다시 받은 진주시 수곡면 손경례 가옥

식을 구했으니 얼마나 요긴했겠는가.

창고들이 잿더미가 되고 사람 그림자가 끊긴 것은 전라병사 이복남(李福男 ?~1597)이 청야작전을 재촉한 탓이었다. 왜적은 그렇게 바짝 다가와 있었다. 칠천량 패전으로 남녘 바다와 뭍을 안마당처럼 누비게 된 왜적이 본격적으로 호남침공에 나선 것이었다.

조양창 자리는 지금 흔적도 없다. 그 사이 간척공사로 바다가 뭍으로 변한 것이다. 통제사가 묵었다는 김안도의 집도 마찬가지다. 400년 넘는 세월의 무게에 짓눌려 보이지 않게 된 흔적일 것이다.

보성에서 이순신은 흩어진 장수와 병졸을 모으고 군량을 보충하기 위하여 아흐레를 머물렀다. 보성읍성 열선루(列仙樓)에 머물던 8월 15일, 선전관 박천봉이 임금의 유지(有旨·편지)를 가져왔다. "약세인 조선 수군을 폐하고 육군에 의탁하여 싸우라"는 명령이었다. 선조 임금의 변덕이 이렇게 죽 끓듯 하였다. 삼도수군통제사 직첩을 내린지 열흘 남짓 사이에 또 마음이 변한 것이다.

"공문 작성 때 영의정 유성룡(柳成龍 1542~1607) 대감이 조정에 계셨습니까?"

통제사의 물음에 선전관은 "영의정 대감은 경기지방 순행 중이셨습니다" 하고 답하였다. 그 말로 보아 유성룡의 부재를 틈타 조정 대신들이 다시 자신을 나락으로 몰아넣으려 한다는 생각이 들었다.

이날 밤 통제사는 대취하였다. 임금의 명을 받들지 않으면 다시 함거에 실려 올라가게 될 것이고, 명을 받들면 조선 수군 재건은 포기해야 한다고 생각한 것이다. 그 괴로움을 잊으려고 그는 군관들을 불러 통음하였지만 잠을 제대로 이루지 못하였다.

이순신은 결심한 듯 열선루 누각에 앉아 유명한 '금신전선 상유십이'(今臣戰船 尙有十二) 장계를 썼다. "신에게는 아직 12척의 전선이 있사옵니다. 죽을힘을 다해 막아 싸운다면 아직도 할 수 있사옵니다. 전선은 적지만 신이 죽지 않았으니 적이 감히 우리를 업신여기지 못할 것이옵니다." 왜적이 바다와 뭍에서 온갖 패악을 부리는 와중에, 그런 용기를 가진 인물이 이순신 말고 누가 있었겠는가.

유감스럽게도 열선루는 지금 없다. 이순신의 뒤를 밟아 바짝 따라온 왜적이 보성 땅을 분탕질 할 때 불타 없어졌다. 전란이 끝난 뒤 복원되었지만 일제 때 또 철거되었다. 불공대천지수의 족적이라고 그랬을 것이다.

그 자리에 지금은 보성초등학교와 보성군청이 들어섰다. 몇 해 전 청사 신축공사와 도로공사 때 발굴된 주춧돌 넷과 댓돌들이 지금 군청 마당에 전시되어 있다. 보성군에 따르면 곧 있을 열선루 복원공사에 그대로 쓸 계획이라 한다.

보성을 떠난 이순신은 18일 회령포(會寧浦·장흥군 회진면 회진리)에 닿아 삼도수군통제사 취임식을 갖고 유명한 '회령포 결의'를 다진다. 그 날자 〈난중일기〉에는 "수사 배설(裵楔 1551~1599)이 뱃멀미를 핑계로 보이지 않았다. 포구 관청에서 잤다"고 씌어있다. 17

일 자 일기에 "군영구미(軍營仇未·강진군 대구면)에 당도하니 경내에 사람이 하나도 없었다. 수사 배설이 우리가 타고 갈 배를 보내지 않았다"고 쓴 것으로 보아, 이순신이 두려워 피한 것이 분명하다.

20일 일기에 배설이 임금의 삼도수군통제사 임명교서에 숙배하기를 거부했다면서 "건방진 태도가 말할 수 없기에, 그 영리에게 곤장을 쳤다"고 썼다. 권율과는 달리 수사의 체면을 생각하여 고위 군관을 직접 벌하지 않고 수하에게 벌을 주어 경고한 것이다.

삼도수군통제사 취임식은 8월 19일이었다. 배설이 가져온 12척의 전선과 120명의 장졸이 참석한 가운데 회령진성에서 거행된 초라한 행사였다. 그러나 구국의 결의만은 드높았다. "우리는 다 같이 임금의 명을 받들었으니 의리상 같이 죽어야 마땅하다. 한번 죽음으로써 나라에 보답하는 것이 무엇이 아까우랴!"

〈이충무공 행록〉에 적힌 통제사 취임사는 이토록 뜨거웠다. 임금과 조정을 속이고 명을 받들지 않은 죄인의 신분에서 다시 수군 총수로 돌아왔으나, 그에게 주어진 것은 달랑 직첩 하나뿐이었다.

회진포는 장흥 남쪽 해안 정남진에서 가까운 바닷가다. 정남진이란 서울에서 정남쪽 마을이라서 붙은 이름인데, 해남 땅끝 마을 가기만큼 멀다. 오전에 초계를 떠나 해 안에 당도하기 어려워 장흥 읍내에서 하룻밤을 묵었다. 다음 날 눈 뜨자마자 달려간 오월의 아침, 회진포 바다는 쪽빛으로 반짝이고 있었다.

백성이 모두 피란 떠나고 빈 포구였을 그때와는 너무 다른 분위기였다. 회진항 선창에는 산뜻하고 날렵한 어선들이 줄지어 정박해 있고, 그 안쪽으로 번듯한 주민복지시설과 상가가 조성되었다. 취임식 행사가 있었다는 회령진 성터는 아름다운 역사공원으로 바뀌었다. 내륙 깊숙이 파고들었던 바다는 1960년대의 개간사업으로 비옥한 들판으로 변하였다. 면소재지가 되었으니 인구도 몇 곱절 늘었을 것이다.

글머리를 되돌려 이순신 삭탈관직과 나국(拿鞠) 상황으로 돌아가보자. 직접 죄목은 "왜군 장수 가토 기요마사(加藤淸正) 군을 영격하라"는 임금과 조정의 명을 어긴 일이었다. 이순신이 영을 어긴 까닭에는 아직 정설이 없다. 연구자마다 추론에 그칠 뿐이다.

정유년 초 경상도우병사 김경서(金景瑞·일명 金應瑞 1564~1624)의 진에 드나들던 왜인 가나메 도키스라(要時羅)가 김 병사에게 달콤한 정보를 흘려주었다. 고니시 유키나가(小西行長)의 수하였던 그는 강화회담 결렬이 가토 기요마사 탓이었다고 헐뜯으며, "이번에 기요마사가 다시 건너오게 되었으니 통제사를 시켜 길목을 지켰다가 일제히 공격하면 그의 목을 벨 수 있을 것"이라 하였다. 기요마사가 건너온다는 날짜까지 말하는 것이었다. 김경서의 보고를 받은 임금과 조정은 그 말을 사실로 믿고 이순신에게 요격 명령을 내렸다.

그러나 이순신은 명을 따르지 않았다. 초계에서 한산도까지 달려와 출동 명령을 전한 도원수에게 이순신은 "반드시 왜의 간계가 있을 것이오. 배를 많이 끌고 나갔다가는 도리어 역습을 당하게 될 것이 불을 보듯 빤한데, 어찌 간자의 말을 믿고 따를 수 있겠습니까?" 하였다.

이순신이 움직이지 않고 있는 틈에 해협을 건너온 기요마사는 울산 서생포(西生浦)왜성에 진을 쳤다. 이순신의 판단이 어떠했든 지 간에 가나메의 말은 부분적으로 사실이었다. 진노한 선조는 "우리나라 장수가 소서행장(고니시 유키나가)보다 못하다"고 펄펄 뛰었다. 당장 이순신을 묶어 올리라는 명이 떨어졌다. 그를 천거하고 뒤를 보아 준 영의정 유성룡도 어쩔 수 없었다.

이순신을 잡으러 한산도에 온 의금부 도사 일행 가운데는 얼마 전 경상수군통제사로 부임한 원균도 있었다. 내가 통제사라면 당장 부산포로 달려가 왜적을 무찌르겠다던 사람이다. 그 시간 왜적의 동태를 파악하려고 가덕도 앞바다에 나갔던 통제사는 왕명 당도 소식을 듣고 급거 귀항하였다. 갖가지 병기와 화약류, 병력과 군량미의 끝 단위까지 세세히 적어 후임자에게 인계하고 함거에 올랐다.

"사또, 우리를 버리고 어디로 가십니까. 이제 우리는 다 죽게 되는 겁니까!" 백성들은 함거를 가로막고 울부짖었다. 원균은 회심의 미소를 머금었을 것이다. 씻을 수 없는 치욕 칠천량 참패의 씨앗은 그렇게 잉태되었다.

가는 길

합천군 율곡면 낙민마을 - 합천터미널에서 택시 15분
초계 역사공원 - 합천터미널에서 택시 25분
진주 손경례 가옥 - 진주터미널에서 택시 45분
회령진 성터 - 회진터미널에서 도보 2분

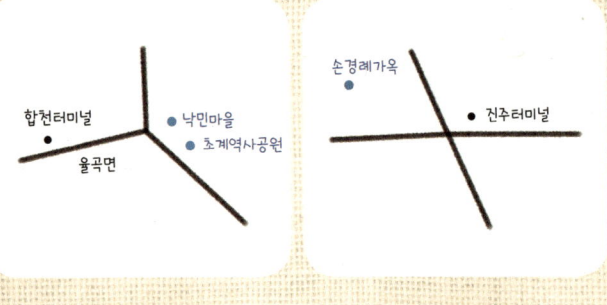

2.

조선 수군의 치욕,
칠천량 패전

칠천교를 건너다가 소나기를 맞았다. '칠천량(漆川梁)해전 기념관'을 둘러볼 때는 청명한 봄날이었다. 버스 기다리기 지루해 걷기로 작정하고 나서자 갑자기 먹구름이 몰려들더니, 한두 방울 비가 흩뿌리기 시작하였다. 다리 한가운데 이르러서는 소나기였다. 세찬 바람까지 몰아쳐 금세 신발과 바지자락이 젖었다.

1597년 7월 16일 새벽, 조선 수군 치욕의 날도 이런 날씨가 아니었을까 하는 생각이 들었다. 임진년 난리 이래 적선이 얼씬도 못하던 부산 서쪽 바다에 150여 척 전선(戰船)이 모조리 수장된 참담한 패전의 날도 비바람이 거세었다는 기록을 읽은 탓이다.

기념관에서 관람한 영상물에는 수군이 곤히 잠든 한밤중에 왜군이 작은 배를 몰고 와 판옥선에 불을 지르는 장면이 나온다. 그것도 모르고 자던 조선 수군이 미처 응전태세를 갖추지 못해 속절없이 왜적의 창칼과 총탄에 쓰러지는 장면이 이어진다. 부산 앞바다에서부터 패주해 온 군대가 적이 오는 줄도 모르고 자다가 변을 당했다는 것이다.

이순신 장군이 있었으면 그런 일이 일어났을까. 장수 한 사람 잘못 쓰면 이런 일이 일어난다는 교훈을 칠천량 패전의 역사는 증명하고 있다. 주말에 기념관을 찾아 영상을 본 관람객들은 왜 그런 어처구니없는 일이 일어났는지 뜻밖이라는 표정들이었다.

▲ 칠천량 전투 상상도

이순신 장군의 〈난중일기〉 정유년 7월 16일 자에 칠천량 전투 상황 개략이 나와 있다. 격군으로 출전했던 세남(世男)이 백의종군 중이던 이순신을 알몸으로 찾아와 전한 참상은 다음과 같다. 음력 7월 4일 한산도 통제영에서 출진해 칠천도와 옥포를 거쳐 7일 부산 다대포에 정박한 왜선 8척에게 싸움을 걸었는데, 왜군이 뭍으로 도망쳐 빈 배들을 불 지르고 절영도 바깥 바다로 나갔다. 때마침 대마도 쪽에서 적선 1,000여 척이 건너오기에 마주 나가 싸우려 했더니 적이 회피하여 뜻을 이루지 못했다. 판옥선 6척은 울산 서생포 앞바다로 표류하여 뭍으로 오르던 수군들은 왜적에게 거의 다 살육당하고, 자신은 숲으로 도망쳐 간신히 살아왔다는 것이었다.

늑장을 부리다가 도원수 권율 장군에게 곤장을 맞고 부산포에 출진한 통제사 원균은 제대로 싸워보려 하였으나 뜻대로 되지 않았다. 왜군 함대가 1,000척이나 되었다는 기록으로 보아 엄청난 규모였음에 틀림없다. 병력과 군량, 병참물자 등을 싣고 오는 시마즈 요시히로(島津義弘 1535~1619)의 수송선단이었다.

원균은 즉시 공격 명령을 내렸다. 조선 판옥선들은 적진을 향해 부지런히 노를 저어갔다. 그러나 왜선들은 흩어져 달아나기만 했다. 부산 앞바다는 섬이 없어 피해 숨을 곳이 없다. 좀 멀리 나가면 파도가 높은 물마루[水宗]다. 바람은 거칠고 물결은 높았다. 왜선들은 접근하다가 달아나기를 반복하는 수법으로 조선 수군의 힘을 빼려는 것 같았다.

간신히 선단을 수습하여 후퇴 길에 들어선 원균은 가까스로 가덕도에 기항했다. 서애 유성룡(柳成龍)은 〈징비록〉에 그때 상황을 이렇게 적었다. "섬에 닿자마자 병사들은 다투어 내려 물부터 찾았다. 군사들이 허둥지둥 물을 찾아다니는 순간 갑자기 섬에서 왜적들이 나타나 덮쳤다. 결국 400여 군사를 잃고 원균은 칠천도로 갔다."

칠천도로 가는 중에 거제도 북단 영등포에 닿아 밤을 보내려 했으나 적선 500여 척이 추격해 와 계속 달아날 수밖에 없었다. 마지막으로 선택한 피난지가 거제도 서북쪽 칠천도였다. 본섬과 어깨를 겯고 있는 이 섬에는 아늑한 포구가 많아 선단을 숨기기 좋았다. 칠천도 도착은 밤 9시 무렵이었다. 여러 포구에 전선을 분산 정박시키고 원균은 작전회의를 열었다.

경상우수사 배설이 후퇴를 제안하였다. "용기백배할 때와 겁낼 때를 구분하는 것이 병가의 계책인데, 지금은 싸움을 회피하는 게 옳습니다." 그러나 원균은 이 말을 수용하지 않았다.

배설은 몰래 제 부하들을 이끌고 한산도로 튀어버렸다. 다른 부대 사정도 크게 다르지 않을 것이었다. 영화 〈명량〉에서 배설은 비겁한 도망자로 묘사되었지만, 그가 인솔해간 전선 12척은 뒷날 이순신의 수군재건에 밑천이 되는 유명한 '상유십이척(尙有十二隻)'의 그 배들이다.

운명의 날은 16일 새벽이었다. 폭풍우가 몰아치는 밤이었다고는 하지만 어떻게 번을 섰기에 소형 적선 5~6척이 밤중에 수군선단 정박지에 잠입하는 것을 몰랐을까. 추격을 당하는 패주의 길이라면 평소보다 더욱 경계하는 게 마땅한데 적병이 판옥선 밑창에 기름을 붓고 불을 지르도록 모르고 자기만 한 것인가!

원균 함대 곳곳에서 소동이 벌어졌다. 놀라 일어난 수군들은 미처 전투태세를 갖출 겨를도 없이 허둥거리다가 왜군의 총격과 창칼에 쓰러져 갔다. 불붙은 판옥선들은 맥없이 침몰하였다. 적은 3중 4중으로 조선 수군 함대를 둘러싸고 소총과 포화를 쏘아댔다. 적선들은 포구에 갇힌 조선 판옥선에 붙어 돛대를 누여 사다리처럼 타고 건너와 맹수처럼 날뛰었다.

단병접전에는 세계 최강이라는 사무라이들이었다. 일본 수군의 전법은 적선에 올라 칼과 창으로 백병전(白兵戰)을 벌이는 것이었다. 일대일로 벌이는 단거리 접전에 대적할 상대는 없다는 자부심을 가진 그들이었다.

"15일 밤 2경에 왜선 5~6척이 불의에 내습하여 불을 질러 우리 전선 4척이 전소하여 침몰되자 제장이 창졸간에 병선을 동원하여 어렵게 진을 쳤는데, 닭이 울 무렵에는 헤일 수 없이 많은 왜선이 몰려와서 서너 겹으로 에워싸고 여러 섬에도 가득 깔렸습니다."

〈선조실록〉에 기록된 선전관 김식(金軾)의 장계에 당시 상황은 이렇게 묘사되어 있다. 김식은 시종 통제사와 같이 행동했기 때문에 똑똑히 보았던 것이다.

임진년 이순신 장군에게 당한 수많은 패전에 절치부심하던 도요토미 히데요시는 수군전력을 크게 강화해 떼지어 건너보냈다. 해전의 명장이라는 와키사카 야스하루(脇坂安治 1554~1626), 구키 요시타카(九鬼嘉隆 1542~1600), 도도 다카토라(藤堂高虎 1556~1630) 등이 거느린 정예 수군이었다.

원균은 가까스로 포위망을 벗어나 도망쳤다. 칠천도 남쪽으로 빠져나가 허겁지겁 서북쪽으로 노 저어 갔다. 가까스로 고성 춘원포에 당도해 대장선을 버리고 뭍에 올랐다. 전라우수사 이억기(李億祺 1561~1597)와 충청수사 최호(崔湖 1536~1597)는 현장에서 장렬

▼ 아름다운 칠천량 바다

한 최후를 맞이하였다.

 수하 병사에게 업히다시피 뭍에 오른 원균은 산길을 따라 도망치다가 소나무 밑에서 쉬는 사이 추격해 온 왜적에 의해 최후를 맞은 것으로 보고되었다. 선전관 김식의 장계에는 그 상황이 이렇게 적혀 있다.

 "한편으로 싸우고 한편으로 후퇴하였으나 도저히 대적할 수 없어 고성 추원포로 후퇴하여 주둔하였는데, 적세가 하늘을 찌를 듯하여 마침내 우리나라 전선은 모두 불에 타 침몰되었고, 제장과 군졸들도 불에 타거나 물에 빠져 모두 죽었습니다. 원균은 늙어서 행

보하지 못하고 맨몸으로 칼을 잡고 소나무 밑에 앉아 있었습니다. 신이 달아나면서 돌아보니 왜노 6~7명이 칼을 휘두르면서 달려들었는데 생사를 자세히 알 수 없었습니다."

이 보고서로 인하여 원균은 그곳에서 죽은 것으로 기록되었다.

동아시아 최강이라는 평가를 받았던 조선 수군이 왜 그런 치욕을 당했는가. 이런 물음에 대한 해답은 '추상같던 기율의 해이와 사기 저하 탓'이라는 게 임진왜란 연구자들의 일치된 견해다. 상승 조선 수군이라는 자부심과 명예에 의기 높았던 수군 장졸들은 후임 통제사 원균이 이순신을 모함해 옥에 갇히게 한 세력의 중심인물이라는 것을 모를 리 없었다. 그를 좋게 볼 수가 없었을 것이다. 수군을 지휘해 전투를 수행할 실력도 지략도 없는 사람이라는 것을 너무 잘 알고 있었다. 장수들과 군졸들이 그와 따로 놀게 된 결정적인 이유다. 병사들 사이에는 "이런 군대로는 왜적을 이길 수 없어!", "적을 만나면 36계 줄행랑이 상책이야" 하는 말들이 돌았을 정도였다.

거기에다 원균이 권율에게 곤장을 맞는 사건이 일어나 더욱 영이 서지 않았다. 2년이 넘도록 수군을 떠나 있었던 원균은 전투가 두렵기도 했다. 도원수에게서 득달같이 부산포를 공격하라는 명령이 날아오는데 따르지 않는 장졸을 이끌고 나가기가 무서웠다. 육군이 안골포와 가덕도를 공격하여 배후를 튼튼히 한 뒤에 수군이 부산을 치는 수륙병진론(水陸竝進論)을 거듭 건의하면서 날짜를 끌다가 그는 권율에게 불려가 곤장을 맞았다.

경상·전라·충청 삼도수군을 거느린 삼도수군통제사는 해군참모총장에 해당하는 자리였다. 명령을 듣지 않은 죄가 크기는 하지만, 참모총장을 곤장으로 다스린 사례가 있을지 모르겠다. 육군 책임자인 도원수 권율이 수군 장수를 징치한 이상한 사건이었다.

얼마 후 권율은 또 원균에게 곤장을 쳤다. 6월 안골포 출동에 직접 앞장서지 않고 수하 장수들만 보냈다는 이유였다. 합천 초계에 진을 치고 있던 권율은 사천 곤양까지 내려가 원균을 불러 올렸다. 매 맞는 통제사는 수하 장졸들 사이에 웃음거리일 뿐 존경과 신망의 대상은 아니었다. 수하 장졸의 사기가 어땠는지는 물어볼 것도 없는 일이었다.

조정의 전투수행 능력 부족도 큰 원인이지만 무엇보다 전투지휘자 원균의 무능이 결정적 패인이었다. 칠천도로 가지 말고 좀 더 항해하여 한산도 본영으로 갔더라면 상황은 달라졌을지 모른다.

칠천도로 갔더라도 경계를 철저히 폈으면 그런 치욕은 면할 수 있었을 것이다. 쫓기는 군대가 경계를 소홀히 해 적선이 접근하는 것도 몰랐다면 전투의 ABC도 몰랐다는 이야기다. 주둔지 주변뿐 아니라 물길 곳곳에 척후를 박아 적의 움직임을 손금 들여다보듯 한 이순신과는 비교조차 할 수 없는 무능이고 태만이고 무책임의 극치였다.

패전의 결과는 수군에게만 참담한 것이 아니었다. 남해 바다를 마음껏 휘젓게 된 왜적은 전라도 땅을 유린했다. 도망친 배설이 한산도 본영에 남은 군량과 병기들을 바다에 처넣고 불을 지르고 도망친 뒤 한산도와 전라우수영까지 적의 손에 넘어갔다.

남해와 순천을 차례로 손에 넣은 적은 전주를 목적으로 두 갈래 협공을 시작하였다. 남원성을 지키던 군민들이 모두 참살당하고, 전주성도 허무하게 떨어졌다. 두 성만의 불행이 아니었다. 삼남의 백성들은 조정의 청야(淸野) 작전에 삶의 뿌리가 뽑혀 나갔다. 청야란 왜적에게 이용되지 못하도록 집과 경작지를 태워 청소하듯 깨끗이 들판을 비우는 것이다. 도체찰사가 경상·전라·충청 3도에 파견되어 제 손으로 제 집과 곡식을 태우지 않는다고 백성들 목을 쳤다. 왜적에게 당하고 제 나라 조정에 당한 중첩된 비극이었다.

원균이 상륙한 장소는 고성 '추원포'로 기록되었지만, 사실은 '춘원포'의 오류로 인정되고 있다. 춘원포는 오늘날 통영시 광도면 황리, 안정 국가산업단지가 자리 잡은 곳이다. 통영에서 택시를 타고 찾아간 그곳에 갯마을은 흔적도 없었다. 바닷가에 높다란 조선소 크레인이 서 있는 것을 보고, '이런 데가 아닐 텐데……' 하는 생각이 앞섰다. 조선소와 협력업체들이 타운을 이룬 산업단지가 춘원포일 리가 없다고 생각되었다.

택시에서 내려 나이 지긋한 현지 주민에게 물으니, "어릴 때 저

너머에 목 없는 장군 묘가 있었다는 말을 듣고 자랐다"며 포구 뒤편 야산을 가리켰다. 거기서 원균이 최후를 마쳤다는 기록에 근거한 설화일 것이다. "옛날부터 이 포구마을을 춘원개라 불렀다"는 주민들의 말에서 춘원포 위치를 믿게 되었다.

왜적의 소굴이었던 안골포도 거기서 멀지 않다. 육지가 바다로 길게 뻗어 나온 곳이다. 그 끄트머리 야트막한 야산 꼭대기에 안골왜성이 있다. 길가에 서 있는 안내판을 보고 택시를 내렸더니 바로 성터입구였다. 숨을 헐떡이며 한참 목제 계단길을 오르자, 무너진 성터 위에서 아낙네 둘이 봄나물을 캐고 있었다. 그 너머로 부산신항 크레인들이 줄지어 서 있고, 성 아래에서는 아파트 건설공사가 한창이었다.

성터에서 가덕도와 거제도가 보인다고 했지만 초행자의 눈에는 구별이 안 갔다. 남쪽 오른편 어름에 보이는 산봉우리들이 거제도가 아닐까 짐작만 해보았다. 다만 거제도 가덕도 앞바다를 감제할 수 있는 작전 요충지라는 말에는 고개가 끄덕여졌다. 칠천도에 기항한 조선 수군을 공격한 왜군의 출진기지가 바로 그곳이었다는 사실에 세월의 무상함을 느낄 따름이었다.

칠천도는 이제는 자동차로 갈 수 있다. 2000년에 거제도와 연결된 다리가 생겨 연륙이 되었다. 통영과 연결된 거제대교, 부산과 이어지는 거가대교를 건너 본섬 서북쪽으로 달려가면 바로 칠천도다. 본섬 서북단 칠전삼거리 버스정류소에서 내려 잠시 벚꽃길을 따라 걸으니 이내 칠천교였다. 다리 건너편 해안에는 크루즈 관광선 터미널이 자리 잡았고, 주변에는 횟집과 숙박업소들이 고객을 부르고 있었다. 다리에서 20여분 더 가면 2013년에 문을 연 칠천해전기념관이다.

거제도 본섬을 마주보고 걷는 칠천도 바닷길에는 온갖 봄꽃이 다투어 피고, 호수 같은 바다는 에메랄드빛이었다. 이 아름답고 평화로운 어약연비(魚躍鳶飛)의 바다가 참극의 현장이었다고 누가 짐작이나 할까.

근래 경남도에서 거북선 찾기 운동을 벌였다. 칠천량 바다에 가라앉았을 잔해를 건져내 거북선의 실체를 마주해 보자는 취지라고 한다. 그러나 10억 가까운 비용과 3년이 넘게 걸린 그 사업의 결실이 보도된 일은 없다.

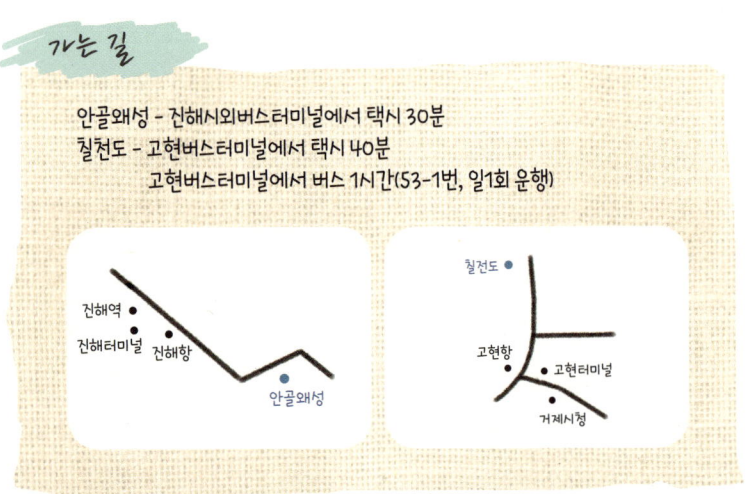

가는 길

안골왜성 - 진해시외버스터미널에서 택시 30분
칠천도 - 고현버스터미널에서 택시 40분
      고현버스터미널에서 버스 1시간(53-1번, 일1회 운행)

3.

아비규환,
남원 황석산 전투

저녁놀이 고와 보이지 않았다. 왜적에게 몸을 더럽히느니 자진하겠다고 부녀자들이 줄지어 뛰어내려 핏빛이 되었다는 황석산 바위를 보고 온 탓이었다.

취재를 마치고 함양을 떠난 시간이 오후 7시였다. 남원성 전투 취재 때도 같은 시간이었다. 고속버스 차창으로 타는 저녁놀이 가득 드리웠지만, 여느 때처럼 가슴 뛰는 풍경이 아니었다. 어찌 피뿐이랴. 성안에 있던 군사와 백성이 모두 도륙당한 그 아비규환이 머릿속에 가득한데 저녁놀 붉은 빛이 아름다워 보이겠는가.

전투가 아니어도 그랬다. 왜군 종군 승려 케이넨(慶念)의 〈조선

▲ 남원성 전투 비극의 현장 남원읍성 성벽

일일기(朝鮮日々記)〉에는 남원으로 쇄도하던 왜병들의 악귀 같은 만행이 사건 기사처럼 기록되어 있다.

"너나없이 남에게 뒤질세라 재보를 빼앗고 사람을 죽이며 서로 쟁탈하는 모습들, 도저히 눈 뜨고 볼 수 없는 기분이다."(1597년 8월 4일)

"들도, 산도, 섬도 죄다 불태우고 사람을 쳐죽인다. 그리고 산 사람은 쇠사슬로 꿴 대롱으로 목을 묶어서 끌고 간다. 어버이 되는 사람은 자식 걱정에 탄식하고, 자식은 부모를 찾아 헤매는 비참한 모습을 난생처음 보게 되었다."(1597년 8월 6일)

이 모든 비극이 원균의 칠천량 패전에서 비롯되었다. 호랑이 같은 조선 수군이 궤멸되어 남해안을 마음껏 휘젓고 다니게 된 왜군은 바로 전라도 공략에 나섰다. 임진년에 진주에서 참패하고 이순신에게 짓눌렸던 한풀이였다.

가토 기요마사(加藤淸正) 군을 주축으로 한 왜적 우군(右軍) 6만은 7월 25일 울산 서생포 등 각자의 주둔지에서 밀양-거창-안의를 지나 황석산에 이르렀다. 고니시 유키나가(小西行長) 군이 주력인 좌군(左軍) 5만은 28일 부산포, 안골포, 순천 등에서 하동, 구례를 거쳐 남원으로 쳐 올라갔다. 수군 7,000도 섬진강을 거슬러 올라 구례에서 좌군과 합류해 남원으로 쇄도하였다.

남원성 전투는 중과부적이었지만 명나라 총병 양원(楊元 ? ~1598)의 용렬한 작전계획이 초래한 참화여서 더욱 안타까운 일이었다. 지키기 좋은 교룡산성을 버리고 평지성인 남원읍성에만 의지한 것이었다. 조선군의 건의대로 험준한 교룡산성에서 버텼다면 최소한 저항 기간을 더 늘일 수 있었을 것이다. 그 사이 지원군이 오면 수성에 성공했을지도 모를 일이다.

구례와 곡성을 거쳐 오면서 마치 사냥하듯 사람을 죽이고 잡아가던 왜적 병력은 5만 7,000이었다. 이에 맞서는 수비군은 양원이 거느린 명나라 병사 3,000에, 전라병사 이복남(李福男 ? ~1597)이 이끄는 조선군은 1,000을 밑돌았다. 그것도 제 군사들은 다 도망치고 남의 군사를 끌어모은 오합지졸이었다. 여기에 읍민 6,000이 전투를 도왔다지만 그래도 6대 1의 싸움이었다.

남원성은 높이 4m 둘레 3.4km에 불과한 읍성이었다. 이 작은 성을 5만 7,000의 왜군이 겹겹이 둘러쌌다. 총사령관 우키타 히데이에(宇喜田秀家 1572~1655) 군 1만은 남쪽, 선봉장 고니시 유키나가 군 1만 4,000은 서쪽, 시마즈 요시히로(島津義弘) 군 1만은 북쪽, 하치스카 이에마사(蜂須賀家政 1558~1639) 군 1만 3,000은 동쪽을 에워쌌다. 물 한 방울 샐 틈도 없는 완전봉쇄였다.

개전 나흘 만에 낙성된 남원성 전투의 경과는 유성룡의 〈징비록〉에 자세히 나와 있다. 조선 파진군(특공대)으로 명군에 파견되었던 김효겸(金孝謙)이 구사일생으로 살아나와 유성룡에게 자초지종을 고한 것이다.

8월 13일 왜군 선봉대 100여 명이 성밑에 접근해 조총을 쏘아댔다. 우리 군사들은 승자소포(勝字小炮)로 응전했지만 사정거리가 짧아 미치지 못하였다. 왜적은 몇 명씩 패를 지어 출동했다가 화살을 피해 밭고랑에 흩어져 숨어 총을 쏘았다. 성 위의 우리 군사 여럿이 쓰러졌다. 얼마 후 왜적 몇이 깃발을 들고 성 아래에 와서 큰 소리를 질렀다. 양원이 통역과 함께 병졸을 적진에 보냈는데, 그들이 받아온 문서는 선전포고인 약전서(約戰書)였다.

다음 날 왜군은 성을 3면에서 포위하고 우박처럼 총과 포를 쏘며 공격해 왔다. 싸움이 벌어지기 전 양원은 성 밖에 빼곡히 들어찬 민가를 모두 태웠지만, 남은 흙벽과 돌담이 왜적의 방패가 되었다.

▲ 남원성 전투 상상도

반면 성 위의 수비군은 적에게 노출되어 사상자가 속출하였다.

15일 왜군은 볏단과 풀단을 무수히 만들어 밤 8시쯤 성 밖의 참호를 메우더니, 성밑에도 쌓기 시작하였다. 성보다 풀단이 높아지자 왜병들은 그것을 타고 넘어 성안으로 쳐들어왔다. 대혼란이 일어났다. 성안 여기저기에 불길이 치솟고 병사와 읍민들이 뒤엉켜 도망치고 숨기에 분주하였다.

명나라 기병들은 말을 타고 달아나다 두 겹 세 겹 둘러싼 왜병의 총칼에 낙엽처럼 떨어져 비명을 질렀다. 양원은 호위대의 도움으로 위기를 돌파해 몇몇 수하와 함께 살아남아 제 나라로 돌아갔다. 그러나 그는 탈영죄로 참수되었다. 명 조정은 그 수급을 한양으로 보내 조리돌림 시켰다.

유성룡은 "왜적이 양원을 알아보고 짐짓 모른 척 빠져 나가게 했다는 말이 있다"고 〈징비록〉에 썼다. 조경남의 〈난중잡록〉에도 "양원이 왜적에게 성을 내주는 대신 목숨을 건졌다는 소문이 전해져온다"고 기록되어 있다.

이 전투에서 전라병사 이복남을 비롯해 남원부사 임현(任鉉 1547~1597), 총병사후 정기원(鄭期遠 1559~1597), 별장 신호(申浩 1539~1597), 구례현감 이원춘(李原春) 등 9명의 장수가 분전 중 전사하였다. 조명 양군 병사 4,000에 읍민 6,000 등 1만 명이 죽었다. 가망이 없게 되자 이복남은 탄약이 적군 수중에 들어가지 못 하도록 화약고에 불을 지르고 분전을 독려하다가 최후를 맞았다.

그의 셋째 아들 이성현(李聖賢)은 왜군에게 붙잡혀 끌려간 일본에 뿌리를 내렸다. 히데요시의 고타이로(五大老) 중 하나였던 모리 데루모토(毛利輝元 1553~1625)는 그에게 자기 이름자 '모토(元)'를 넣어 '리노이에 모토히로(李家元宥 1589~1647)'로 개명시켜 녹봉 100석의 관리직을 주었다. 일본 여자와 결혼해 3남 4녀를 두었던 '리노이에(李家)' 가문은 에도시대 조선 왕족의 지류로 인정받아 녹봉 500석을 받았다. 1980년대 아사히신문 출판국장과 학생아사히신문 사장을 지낸 리노이에 마사후미(李家正文 1909~1998)가 이 가문의 후예로 유명하다. 그는 어려서 이왕가 후손이라는 말을 듣고 자신의 뿌리 찾기 이야기를 쓴 책 〈찾아낸 이천년 전의 뿌리:나를 인도한 하얀 오

앗꽃(探しあてた二千年前のルーツ - 私を導いた白い李の花)〉으로 화제가 되었는데, 1982년에 한국에 와 조상의 묘에 참배하였다.

케이넨은 전투가 끝난 8월 18일 자 일기에 "성안으로 진을 이동하다가 날이 밝아 주위를 돌아보니 길에 시체가 모래알처럼 널렸다. 눈으로 볼 수 없는 처참한 광경이었다"고 썼다. 왜병들은 시체에서 코를 잘라 항아리와 나무통에 넣고 소금에 절여 부산으로 보냈다. 포로로 잡혀 일본에 끌려갔던 강항(姜沆 1567~1618)의 〈간양록(看羊錄)〉에는 이때 일본에 보낸 코 상자의 높이가 "구릉을 이루었다"고 나온다.

만일 교룡산성에 의지했다면 어떻게 되었을까. 수비군 위치가 높고 공격군이 아래였다면 상황은 달라졌을 것이다. 5월 10일 남원에 부임한 양원은 왜군의 공격에 대비한다고 교룡산성 안의 민가를 모두 불태웠다. 백성을 읍성 안으로 모아 항전하게 하자는 것이었다. 남원부사 임현은 "천험의 요새인 교룡산성을 지키지 않으면 왜적의 근거지가 됩니다. 다른 고을 백성을 거기에 들여 지킵시다" 하고 주장했다. 그러나 양원은 칠천량 패전을 입에 담으며 "멍청하고 겁이 많은 그대 나라 사람들이 적을 보고 또 자멸하면 어쩔 텐가?" 하면서 교룡산성을 버리고 말았다.

피란지에서 돌아온 백성들은 사방에서 썩어가는 시신을 한곳에 모아 묻고 '만인의총'이라 불렀다. 시내에 있던 의총은 서원철폐령과 일제의 탄압 등으로 천덕꾸러기 신세를 면치 못하다가, 1980년

▲ 만인의총

교룡산성(蛟龍山城) 아래 지금의 자리로 옮겨져 격식 있는 예우를 받게 되었다. 왕릉에 비교될 만큼 큰 유택을 갖게 되었고 국가사적지 지위까지 얻었다.

　만인의총을 둘러보고 관리소 직원에게 물으니 걸어서도 갈만하다기에 교룡산성을 찾아 나섰다. 의총 왼쪽으로 보이는 고속도로 뒤편이 교룡산이라 하였다. 빠른 걸음으로 한 시간 가까이 걸어 산중턱 선국사 입구 산성 문에 당도하였다.

　가파른 경사에 자연지형을 최대한 이용해 쌓은 성벽이 옛 모습 그대로였고, 성문은 아담하지만 아름다운 홍예문이었다. 임진년 진주성 싸움처럼 험한 산성을 등지고 군민이 일체가 되어 돌을 굴리고 끓는 물을 퍼부어 가며 항전했다면, 그토록 허망하게 낙성되지는 않았으리라는 생각이 굳어졌다.

황석산성 전투 기록은 남원처럼 자세하지 않다. 〈징비록〉에는 왜군이 움직이자 "도원수를 비롯한 모든 장병들이 왜적을 피하기만 했다"고 적혀 있다. 전주를 목표로 서진하는 길목의 목민관들에게는 "각자 알아서 흩어져 피란하라"는 명령이 하달되었다. 영호남 경계선에 있는 황석산에는 함양, 안음(안의), 거창, 합천, 김해, 초계, 삼가 등 7개 고을 피란민이 몰려들었다. 줄잡아도 7,000명이 넘었으리라.

"안음현감 곽준(郭䞭 1551~1597)이 황석산성으로 들어가자 김해부사 백사림(白士霖)도 들어갔다. 그가 무인이라고 모든 사람들이 든든히 여겼다. 그런데 왜적에게 공격을 당한지 하루 만에 그가 도망치자 먼저 군사가 무너졌다"고 〈징비록〉은 기록하고 있다.

〈선조수정실록〉에는 곽준 일가의 의연한 모습이 잘 묘사되었다.

"남문으로 적이 처들어오자 곽준은 밤낮으로 독전하였다. 울면서 계책을 청하는 아들과 사위에게 준은 이곳이 내 죽을 곳인데 무슨 계책이 있겠느냐면서 태연히 호상(胡床)에 앉아 죽임을 당하였다. 두 아들(履祥, 履厚)이 시체를 부둥켜안고 왜적을 꾸짖으니 적이 함께 죽였다."

그의 딸은 아버지가 죽고 남편 유문호(柳文虎)마저 적에게 잡혔다는 소식을 듣고 스스로 목을 매 자진하였다.

〈난중잡록〉 등 다른 기록에도 백사림의 행태가 고발되었다. 사태가 위급함을 알고 어머니와 두 첩을 줄에 매달아 밖으로 내려 보내고 도망쳤다는 것이다. 그것은 일본 측 기록에도 나온다. 근세 일본의 베스트셀러 〈에혼 다이코기(繪本太閤記)〉에는 백사림이 성문으로 도망쳐 나오는 그림과 함께, 그 일이 소상히 적혀 있다. 전투 상황에 대해서는 "일본병이 성중에 난입하니 베어지고 넘어진 조선병사들의 피가 성중에 가득 넘쳐났다"고 묘사되어 있다.

함양군수를 지낸 조종도(趙宗道 1537~1597)는 "성문으로 들이치는 일본 세와 불을 뿜으며 싸웠으나 성문이 열린 것을 알고 자기 처자를 끌어내 한 칼에 베고 스스로 목숨을 끊었다는 말이 전해온다"고 기록되었다. 그가 산성에 들어오기 전에 지었다는 시 한 편이 〈징비록〉에 실려 있다.

崆峒山外生猶喜 (공동산 밖이라면 사는 게 외려 기쁘련만)

巡遠城中死亦榮 (순원성 안에서 죽는 게 또한 영광스러워)

(*공동산 순원성은 파천과 순절의 고사를 지닌 중국의 산)

우리 측 기록에는 황석산 전사자가 군민 500명 정도로 되어 있다. 그러나 향토사학계는 그것을 믿지 않는다. 7개 고을 백성이 남부여대하고 피란해 온 산성에 군민이 500명밖에 안 되었다는 것은 믿을 수 없다는 것이다.

10년 넘게 관련 자료를 수집해 〈황석산성과 임진 대전쟁〉을 출간한 박선호 황석역사연구소장은 "황석산 전투는 하룻밤 전투로 조선군 500명이 죽고 왜병은 하나도 죽지 않은 이상한 전투가 아니라, 왜군 7만 5,000을 상대로 5일간 치열하게 싸워 왜군을 궤멸 상태로 빠트린 전투였다"고 저서에서 주장했다. 7개 고을에서 모여든 의병과 백성 7,000. 아녀자들까지 물과 기름을 끓이고 노인과 아이들은 돌을 나르고 굴린 의로운 전투였다는 것이다.

우리 군민의 피해가 7,000에 이르고, 전투가 끝나고 전주에 입성한 왜군 병력이 2만 7,000으로 줄어든 것으로 보아 그들의 인명 피해도 엄청났을 것이라는 주장이다. 이는 일본 측 기록으로 뒷받침된다. 8월 17일 모리 히데모토(毛利秀元)를 비롯한 적장 6명이 공동으로 작성하여 히데요시에게 보고한 〈주인장(朱印狀)〉 내용은 이렇다. "8월 16일 조선군을 크게 꾸짖고 공격하여 산성을 함락시켰습니다. 성중에서 조선군 수급 353급을 베고, 골짜기에서 추가로 수천 명을 죽였습니다." 성 바깥 골짜기에 피신한 백성들까지 다 죽인 것이라고 볼 수 있는 문서이다.

곽준, 조종도 등 순절자 위패를 모신 황암사(黃巖祠)는 일제 때 폐사되었다가 2001년 함양군 서하면 황산리 황석산 기슭에 재건되었다. 홍살문 너머에 출입문이 서 있고, 그 안에 사당, 그리고 그 안쪽에 석재로 감싼 커다란 봉분이 외로이 누워 있다. 사당을 찾는 이보다 그 옆 청소년수련원을 드나드는 발길이 많아 보인다.

반대로 황석산은 등산객 발길이 잦은 곳이다. 전국 100대 명산에 이름을 올린 탓이겠으나, 백두대간 덕유산과 통하는 육십령과 맞닿아 있어 산사람들을 불러 모은다. 황암사에서 남강 상류 계곡을 따라 오르다 우전마을 입구에서 '정상 5.7km' 이정표를 따라가면 2시간 반이면 당도할 수 있다. 해발 1,000m가 넘는 능선부에 옛 성터가 비교적 잘 보전되어 있고, 무너진 곳은 근년에 다시 쌓아 온전한 험지 산성모습을 지녔다.

산을 오르면서 남부여대 피란길에 나섰을 백성들의 수난이 떠올라 세월의 간격을 실감하였다. 솥단지와 이부자리에 된장독까지 끌고 오르지 않을 수 없었을 것이다. 간단한 행장의 배낭 무게도 벅차 가파른 오르막길을 쉬고 또 쉬어 올랐는데, 노약자와 부녀자들 고통이 오죽하였을까. 아무도 살아남지 못한 원혼들이 구천을 맴돌고 있지 않을까.

육십령 고개를 넘고 장수, 진안을 거쳐 전주에 당도한 우군은 남원성을 유린하고 임실을 거쳐 올라온 좌군과 세를 합쳐 전주 공략에 나선다. 그러나 공략이라 할 것도 없는 무혈입성이었다. 동·남 양쪽에서 10만 대군이 닥쳐온다는 소식에 전주성내는 패닉상태가 되었다. 명군 유격장 진우충(陳愚衷)이 수비군 병력을 이끌고 도망치자, 돌팔매에 고기떼 흩어지듯 백성들은 산지사방 흩어져 성안이 텅 비었던 것이다. 왜군은 그렇게 허무하게 전주를 손에 넣었다. 임진년부터 군량 걱정을 해결하려고 그렇게도 노리던 호남 땅이었다.

가는 길

남원읍성 · 만인의총 - 남원터미널에서 택시 6분
교룡산성 - 남원터미널에서 택시 12분
황석산성 - 안의터미널에서 황석산(택시 13분), 입구에서 정상까지 산행

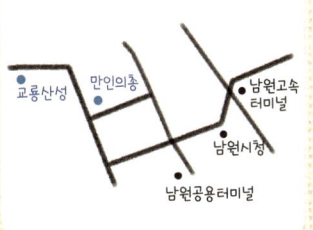

4.

명량대첩,
조선의 운명을 건지다

명량의 기적은 기울어져 가던 조선의 운명을 건져 올렸다. 서해 안을 타고 올라가 한강하구로 도성을 도모하려던 왜군의 계획을 보기 좋게 좌절시킨 것이다. 원균의 칠천량 패전으로부터 꼭 2개월, 13척의 전선으로 300척이 넘는 왜선을 격퇴한 기적 같은 승첩이었다. 이순신 장군 스스로 '천행'이었다고 기록한 전투다.

후세 역사가들은 이 승전을 세계 4대 해전사의 하나로 등재하였다. 150척이 넘는 전선이 수몰되고, 장수도 군졸도 죽고 흩어져 전력 제로 상태의 조선 수군이 어떻게 그런 기적을 이루어 낸 것인가. 믿을 수 없는 이 전투의 경과는 여러 나라 해군의 연구 대상이 되었다. 러일전쟁의 영웅 도고 헤이하치로(東鄕平八郞 1848~1934) 제독은 자신을 군신(軍神)이라고 떠받드는 말에 "진정한 군신은 이순신 정도다. 그에 비하면 나는 하사관 정도도 못 되는 사람"이라고 말한 바 있다.

옥에서 풀려나 백의종군의 길에 오른 이순신이 삼도수군통제사로 복직된 것이 기적의 단초였다. 8월 3일 진주에서 복직교서는 받았지만 달랑 종이 한 장뿐이었다. 군영도, 병력도, 군량도, 전선도 없는 완전 제로였다. 그래서 기적이라는 것이다. 그래서 세계 4대 해전으로 꼽히는 것이다.

그날부터 이순신은 전라도 해안지역과 내륙지방을 순회하면서 수군 재건을 서둘렀다. 그가 다시 수군을 이끌게 되었다는 소식이 퍼지자 숨었던 군관들과 군졸들이 모여들었다. 그들 모두가 한심한 패전에 분을 품었던 모양이다. 배흥립(裵興立 1546~1608), 송희립(宋希立 1553~1623), 이몽구(李夢龜 1554~1597), 최대성(崔大晟 1553~1598) 등 옛 측근들이 상사를 찾아와 진용이 갖추어지자 거제, 현령, 발포, 만호 등 지방관들도 낯을 내놓았다. 다시 옛날과 같은 권한을 쥐게 된 사람과 관계를 수복하려는 것이었다.

순천, 보성, 장흥 땅을 거쳐 전선의 소재를 찾아가는 동안 군관 군졸이 120여 명으로 늘었고 보성에서는 창, 칼, 활, 화살 등 무기류에 약간의 군량미까지 손에 넣게 되었다. 피란민들도 이순신 가까이로 몰려들어 든든한 배후가 되어 주었다. 배설이 끌고 도망쳤던 12척의 전선은 우여곡절 끝에 8월 19일 장흥 회진포에서 인수되었다. 이순신이 무서웠던 경상우수사 배설은 주저주저 현장에 나타나 전선을 넘겨주고는 명량해전이 임박하자 도망쳤다.

왜적이 자신을 찾아 나선 사실을 모를 리 없는 이순신은 즉시 회진포를 떠나 서쪽으로 항해를 시작했다. 안전한 포구를 찾아 진용을 정비하고 교육·훈련도 서두를 필요가 있었다. 왜적에게 쫓기며 수군재건에 노심초사 과로한 탓인지, 토사곽란이 일어 꼬박 사흘을 앓았지만 편히 누워 쉴 수가 없었다.

이진(梨津·해남군 북평면), 어란포(於蘭浦·해남군 송지면)에 진을 치자 왜적이 알고 달려왔다. 전의와 실력을 떠보려는 것이었다. 어란포에 닻을 내린 8월 28일 새벽 왜 척후선 8척이 포구 안으로 돌입해 왔다. 칠천량 이후 사기가 오른 탓도 있겠으나, 전선이 10여 척 뿐이라는 것을 알고 얕잡아 보는 것 같았다. 이순신은 즉시 출동 명령을 내렸다. 우리 전선이 마주 나가 싸움을 걸자 적은 황급히 달아났다.

야습을 우려한 이순신은 즉시 진도 벽파진(碧波津)으로 진을 옮겨갔다. 그곳에서 보름 동안 머물며 참모들과 함께 왜의 대군을 맞아 싸울 궁리에 머리를 싸맸던 이순신은 마침내 울돌목을 최후의 결전장으로 선택하기에 이른다. 〈난중일기〉 15일 자에 그 까닭이 적혀 있다. "벽파진 뒤에 명량이 있는데 수효 적은 수군으로 명량을 등지고 진을 칠 수가 없기 때문"이라 하였다.

진도와 해남 땅 화원반도를 가르는 좁은 해협은 옛날부터 물길이 사납기로 유명한 곳이다. 진도대교가 놓인 곳은 폭 300m에 불과한데 수중에 날카로운 암초가 많아 조류가 바뀔 때면 회오리 물결이 일어난다. 우는 것 같은 물소리가 20리를 간다고 울돌목이란 이름을 지녔다.

그 말은 과장이 아니었다. 진도읍에서 고속버스를 내려 되돌아 나와 도보로 대교를 건너면서 실감할 수 있었다. 물목이 300m 정도 밖에 안 되는 바닷속에 수심 20m 정도 되는 뾰족뾰족한 암초가 숨었다니, 조류가 바뀔 때 물살이 울며 돌지 않고 어쩌랴! 특히 해남쪽 물길이 크게 울었다. 흰 거품을 뿜어내며 세차게 소용돌이치는 모습을 내려다보면서 당시의 통쾌한 전황이 떠올랐다. 조류가 한창 빠를 때는 해남 쪽 해안에서 뜰채를 들고 있다가, 수면 위로 솟아오르는 숭어를 잡는다는 말도 이해가 되었다.

결전의 날이 왔다. 9월 16일 별망군(별도로 조직된 정탐조)이 보고하기를 "헤아릴 수 없을 만큼 많은 적선이 명량을 거쳐 우리 배를 향하여 들어오고 있다"고 하였다. 어란포와 그 부근에 진을 쳤던 무리들이다. 이순신을 따라온 해상 피란민들이 벽파진 인근 야산에 올라 헤아린 바로는 왜선이 300척이 훨씬 넘는다 하였다. 〈난중일기〉 초고에도 330척으로 기록되어 있다.

적 선봉장은 해전의 천재라는 구루시마 미치후사(來島通總 1561~1597)였다. 마다시(馬多時)라 불리던 그는 임진년 당항포 해전에서 왜군 함대를 이끌다 전사한 구루시마 미치유키(來島通之)의 동생으로, 안골포에 진을 두고 있었다. 그는 "내 손으로 이순신의 수급을 베어 형의 원수를 갚고 서해를 통해 경강(京江·한강)으로 항진하겠다"고 나선 인물이었다.

이 이야기는 14일 자 〈난중일기〉 기록으로 입증된다. 이날 탐망군 임준영(任俊英)이 왜적선 200여 척 가운데 55척이 어란에 들어왔다는 보고 끝에 "왜적에게 붙잡혔다가 도망쳐 나온 김중걸(金仲傑)이 말하기를, 왜적이 각처의 배를 불러 모아 합세해서 조선 수군을 섬멸하고 경강으로 올라가기로 의논이 되었다는 말을 들었다"고 적혀 있다. 연합 선단을 꾸려 어떻게든 서해를 장악하려는 의도가 확인된 셈이다.

왜 수군총사령관은 구키 요시타카였다. 그 휘하에 해전에 능하다는 와키사카 야스하루, 가토 요시아키(加藤嘉明 1563~1631), 도도 다카토라, 구루시마 미치후사 등 제장이 총동원되었다. 현지 해역의 330척을 비롯하여, 남서해안 곳곳에 숨겨 놓은 것을 다 합치면 적세는 1,000척 정도로 추산되었다.

출진 전날 이순신은 장수들에게 유명한 정신무장 훈화를 남겼다. "병법에 이르기를 반드시 죽고자 하면 살고, 살려고만 하면 죽는다(必死卽生 必生卽死) 하였다. 한 사람이 길목을 지키면 족히 1,000명이라도 두렵게 할 수 있다."

드디어 결전의 날이 밝았다. 16일 오전 9시쯤 명량해협에 나타난 적은 진도 해안에 머물다가 유속이 느려지기 시작한 정오 가까이 되어 울돌목에 나타났다. 이에 맞추어 이순신 함대도 우수영을 떠나 울돌목 동북쪽, 우수영 포구를 감싸고 있는 양도 앞바다에서 전투대형을 이루고 기다렸다. 맨 앞에 이순신의 기함, 그 다음이 김응함(金應諴)의 중군 선단, 그 뒤가 김억추(金億秋 1548~1618)의 후군선단, 그 배후에 전선으로 위장한 피란민 어선 100여 척이 포진하였다.

"곧 여러 배에 명령하여 닻을 올리고 바다로 나가니 적선 130여 척이 우리 배를 에워쌌다. 여러 장수들은 적은 군사로는 많은 적을 대적할 수 없다고 낙심하면서 모두 회피할 꾀만 냈다. 그 와중에 김억추는 벌써 2마장 밖으로 물러나 있었다. 나는 노를 바삐 저어 앞으로 돌진하면서 지자·현자 등 각종 총통을 마구 쏘아 탄환이 폭풍우같이 쏟아지고, 군관들이 배 위에 총총히 늘어서 화살을 빗발같이 쏘니 감히 대들지 못하고 나왔다 물러갔다 하였다." 16일자 〈난중일기〉에 적힌 초기 상황은 이렇게 위태로웠다.

겁을 먹은 중군과 후군이 멀찌감치 물러서서 있고, 이순신만이 고군분투하는 장면이다. 배를 돌려 군령을 내리려 해도 적이 대들 것 같아 이러지도 저러지도 못 하는 상황에서, 이순신은 초요기(부르는 깃발)를 세웠다. 중군장 김응함과 거제현령 안위(安衛 1563~ ?)가 다가왔다. "안위야, 군법에 죽고 싶으냐? 도망친다고 어디 가서 살 것이냐?" 통제사의 질책을 받은 안위는 마지못해 적진으로 돌입

하였다. 김응함에게도 같은 호령이 떨어졌다. "대장을 구원하지 않는 죄를 어찌 면할 것이냐? 당장 처형할 것이로되 적세가 급하므로 우선 공을 세우게 한다."

두 장수가 적진으로 뛰어들자 다른 배들도 용기를 내어 본격적으로 해전이 시작되었다. 적 대장선과 휘하 두 척의 군사들이 안위의 배에 오르려고 개미 붙듯 한 것을 보고 이순신이 달려가 총통과 화살을 마구 날렸다. 녹도 만호 송여종(宋汝悰 1553~1609), 평산포 대장 정응두(丁應斗 1508~1572)의 배도 달려와 합세하였다. 지자·현자 총통 소리가 산천을 뒤흔들고, 화살이 빗발처럼 날았다.

왜군이 남긴 명량해전도에는 조선 수군이 쇠뇌를 발사하는 장면이 세밀하게 그려져 있다. 쇠뇌는 손잡이를 잡아당기면 화살이 발사되는 장치로, 5~10초당 한 발씩 쏠 수 있어 왜적이 무서워한 무기다.

한창 교전 중 기함에 타고 있던 준사(俊沙)라는 항왜(降倭)가 "적장 마다시가 바다에 빠졌다"고 소리쳤다. 총통이 대장선 층루에 맞아 선교가 통째로 부서져 바다에 떨어진 것이었다. 이순신이 물 긷는 병사 김돌손(金乭孫)을 시켜 갈고리로 적장을 낚아 올렸다. 준사는 "그래, 마다시 맞다!"고 좋아 날뛰었다. 그의 시신이 토막토막 잘려 대장선에 효수되자 갑자기 적진이 조용해졌다.

그 틈에 조선 함대는 북을 크게 울리고 함성을 지르며 돌진해 들어가 적선을 만나는 대로 부딪쳐 깨트리고 불화살을 쏘았다. 삽시간에 31척이 분멸되었다. 때마침 조류의 방향이 바뀌어 적진은 우왕좌왕하였다. 대오를 추스를 겨를이 없었던지 적은 남쪽으로 도망치기 시작하였다. 조류에 떠밀려 북쪽으로 흘리든 적선들은 후위의 어선들에게 협공을 당하여 흩어졌다.

우리 측 인명과 전선은 전혀 피해가 없었고, 부상자는 기함에서 5명, 전체로는 100명이 안 되었다. 13척의 전선으로 300척이 넘는 적 함대를 물리친 전대미문의 승첩이었다.

유성룡은 〈징비록〉에 이때 조선 수군 병력이 8,000명이라고 썼다. 불과 2개월 전 120명을 거느렸던 '회령포 결의' 때와 비교하면 믿어지지 않는 숫자다. 또 이순신이 통행첩을 발행해 막대한 전비를 충당했다고 하였다. 바다로 피란 온 백성들에게 큰 배는 쌀 3섬, 중간 배는 2섬, 작은 배는 1섬씩을 받고 통행첩을 발행해 주었다는 것이다.

또 백성들이 갖고 있는 구리·쇠 등을 모아 대포를 주조하고, 나무를 베어 배를 만들었다. 이순신에게 의지해 난리를 피하려는 사람들이 너무 많아 성안에 다 수용하지 못할 정도였다. 이런 실정으로 보아 병력자원 해결이 어렵지 않았음을 짐작할 수 있다.

왜적 함대가 그토록 허무하게 깨진 데는 여러 원인이 있지만, 무엇보다 세키부네(關船)가 조선 판옥선보다 몸체가 작고 가벼워 충돌에 약한 탓이었다. 임진년 연전연패에 충격을 받은 도요토미 히데요시는 전선 대형화를 명하였다. 그래서 정유년에는 몸체가 큰

▲ 물살이 거친 진도 울돌목 바다

아다케부네(安宅船)가 많이 왔었다. 그러나 폭이 좁은 해협에 들어설 수가 없어 뒤에 물러서 있다가 싸워보지도 못하고 쫓겨간 것이다.

승인의 하나로 거북선의 역할이 거론되기도 하는데, 이 부분은 더 고증되어야 할 문제다. 8월 19일 배설에게서 12척을 인수하고 1개월도 못 되는 사이 거북선을 건조할 시간이 있었겠느냐는 의문이 해결되지 않았다. 〈난중일기〉, 〈선조실록〉, 〈징비록〉 같은 신빙성 높은 역사서에 거북선이 출전했다는 기록은 없다.

또 한 가지는 '쇠사슬'론이다. 조선 수군이 울돌목 바다 밑에 쇠사슬을 가설해 적선이 걸려 항진할 수 없었다는 학설인데, 이것 역시 기록이 없어 증빙이 되지 않는다. 쇠사슬은 임진년 이순신이 전라좌수영 해역에 설치한 기록이 있다. 그러나 이는 항만방어용이었지 실전에 이용된 기록이 없다. 다수의 학자들은 물살이 센 울돌목에는 무게가 몇 십 톤이나 되는 쇠사슬 설치가 불가능하다는 견해를 지지하고 있다.

진도대교를 건너기 직전 해남 땅에 국민관광지 '명량대첩 기념공원'이 있다. 작년에 개관한 기념관에는 거북선과 판옥선을 실물대로 만든 모형선과 전쟁경과 등에 관한 자료들이 전시되어 있지만 눈에 띄는 유물은 없다. 진짜 유물은 거기서 2km쯤 떨어진 우수영 마을에 있는 '명량대첩비'다.

숙종 때(1688) 건립된 이 비석 상단에 새겨진 '통제사충무이공명량대첩비' 전액 12자는 〈구운몽〉의 작가 서포 김만중(金萬重 1637~1692)의 전시체로 유명하다. 1942년 일제가 강제 철거해 조선총독부청사 뒤편에 방치되었던 것을 1950년 우수영 지역 유지들이 되찾아 세웠다. 처음에는 우수영 성 밖에 이건했다가, 2011년 도로공사 관계로 처음 자리로 되돌아왔다.

1964년 우수영 마을에 건립된 사당 충무사도 지난 5월 비석 옆으로 이전 건립되어 비로소 제 모습을 갖추게 되었다. 비석을 둘러보다가 현지 주민에게서 기막힌 수난사를 들었다.

"왜놈 헌병 둘이 비석 앞에 와서 권총을 꺼내 몇 발이고 비석을 쏘아 버리두만. 비석이 무슨 죄라고. 그때 깨진 자리가 저기 저렇게 남아 있소." 철거 당시 일곱 살이었다는 노인은 지금도 그 심보를 이해할 수 없다고 하였다. 비석 상단을 유심히 보니 어린애 주먹 크기의 총탄 자국이 몇 개 식별되었다.

대승첩 직후 이순신은 빠른 조류를 타고 당사도(唐沙島·신안군 암태면), 어의도(於義島·신안군 지도읍), 법성포를 거쳐 전북 고군산 열도까지 진출하였다. 명량승첩과 이순신의 건재를 알려 피란민들을 안심시키려는 행보였다. 왜 수군의 추적을 따돌리는 의도도 있었을 것이다.

왜군은 어디에 숨었을지 모를 조선 함대가 두려워 서해 진출은 꿈도 꾸지 못하였다. 신출귀몰하는 이순신의 전법에 또 어떤 수모를 당할지 모를 일 아닌가. 참패의 원수는 갚아야 하겠는데 바다는 무서웠다. 그래서 택한 것이 뭍에 있는 이순신의 고향집이었다.

10월 14일 일단의 무리가 아산 금성촌 이순신 본가에 불을 지르고 분탕질을 쳤다. 막내아들 면(葂 1577~1597)이 그 와중에 전사했다. 그 소식을 들은 이순신은 영내에 있는 민가에 들어 밤새 통곡하였다. 그날 밤 코피를 한 되 넘게 흘렸다는 기록이 남았다. 영웅도 일상에 돌아오면 우리와 같은 인간이었던가!

가는 길

명량대첩 해전사기념전시관 - 진도버스터미널에서 택시 18분
명량대첩비 · 충무사 - 진도버스터미널에서 택시 22분

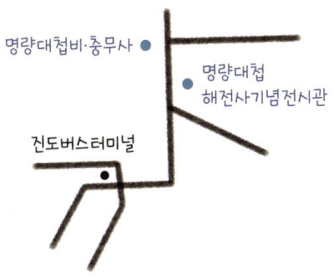

5.

정유재란 격전지,
울산왜성 전투

  울산왜성 전투는 임진왜란·정유재란 기간 중 육상전투로는 매우 중요한 사건이었다. 전투 규모도 그렇고, 전투가 미친 영향도 그러하였다. 우선 규모 면에서는 쌍방에서 동원된 병력이 10만을 넘은 대전투였다. 임진·정유 양란을 통틀어 평양성 탈환전 이래 가장 규모가 컸다. 양측의 전사자 숫자도 1만 명을 훌쩍 넘은 이 전투를 우리는 너무 모르고 살았다.
  이런 전투가 제대로 조명되지 않은 것은 전투 결과가 자랑할 게 없어서였을까. 4만이 넘는 명나라 군대에 1만 2,000명의 조선 군대가 울상왜성을 겹겹이 둘러싸고도 허망하게 패퇴한 것은 너무

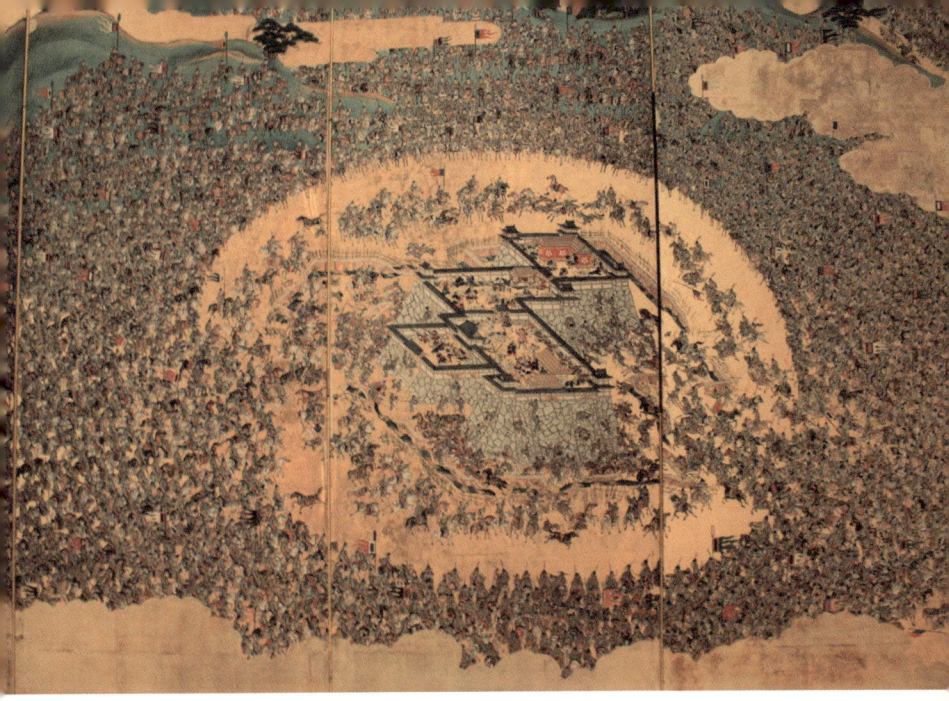

▲ 나고야성박물관에 소장된 울산성 전투 병풍도

 부끄러운 역사다. 공격을 당한 왜군은 원군이 도착하기 전까지는 1,000여 명에 불과하였다. 한 움큼 밖에 안 되는 적을 제때 섬멸하지 못하고 허송세월을 하다가, 남해안 각지에서 몰려온 왜군 지원부대에 허를 찔려 도망쳐버린 것이다. 명나라 황제가 그 책임을 물어 명군 사령관(경리) 양호(楊鎬 ? ~1629)를 파면한 일이 치욕의 역사를 증명한다.
 정유년에 다시 바다를 건너온 왜적은 임진년처럼 무주공산을 말달리듯 한성을 향해 진격하였다. 그러다가 천안 북방 직산(稷山)에서 조명 연합군의 저지에 맞닥뜨렸다. 보병 위주의 왜적은 기마병을 앞세운 명군 선발대의 기세에 눌려 맥을 추지 못하였다. 조명 연합군의 위세를 파악한 왜적은 전열을 가다듬으려는 듯 갑자기 진로를 바꾸어 남해안 농성장으로 되돌아갔다.

진노한 도요토미 히데요시는 가토 기요마사에게 울산에 성을 쌓고 농성하라는 지시를 내렸다. 부산진 교두보와 경남 지역에 밀집해 있는 왜성들을 보호하려는 속셈이었다.

울산왜성은 그렇게 탄생하였다. 병졸들과 일본인 인부들, 조선 농민들까지 동원해 공사를 서둘렀지만, 성이 완공되기 전에 조명연합군이 들이닥쳤다. 당시 울산왜성의 병력은 1,000여 명에 불과했다. 밀어붙이면 금세 섬멸할 수 있는 군세였는데도 일은 그렇게 되지 않았다.

서애 유성룡은 〈징비록〉에 그때 일을 이렇게 적었다. "명나라 군사들은 왜적이 버리고 간 물건을 챙기기에 바빠 공격을 멈추었다. 왜적은 그 틈을 타 성문을 굳게 닫아걸고 힘껏 수비했기 때문에 아무리 열심히 공격해도 성을 함락시킬 수가 없었다."

이런 전황이 임금에게는 정반대로 보고되었다. 명군 제독 마귀(麻貴 1543~1607)가 아랫사람을 보내 선조에게 올린 보고서에는 크게 승전한 것으로 되어 있다. 감격에 겨운 임금은 "여러 대인들이 소방(小邦) 때문에 친히 시석(矢石)을 무릅쓴 탓으로 큰 공이 이루어져 가고 있으니 감격스러움을 견디지 못하겠소이다. 천병(天兵)이 다치지나 않았소이까?" 하였다. 명군을 천병, 조선을 소방이라 부르며 큰 공이 다 이루어진 것처럼 치하하고 있다.

선조실록 12월 30일 자에 실린 보고 내용은 이렇다. "23일 사시(巳時)에 천병이 청정(淸正)의 별영(別營)을 무너뜨렸는데, 그날 밤 청정이 서생포에서 울산으로 들어왔습니다. 천병이 바야흐로 도산(島山·울산왜성)을 포위하고 공격하는데 적군은 높은 둔덕에 있고, 아군은 낮은 곳에 있었기 때문에 사상자가 퍽 많았습니다. 그러나 23~24일의 싸움에서 마(麻)·주(周) 두 천총이 탄환을 맞고 죽었을 뿐 죽은 군병은 30명도 안 됩니다. 수로(水路)를 따라온 왜적들은 천병에게 쫓긴 나머지 배가 뒤집혀 물에 빠져 죽은 자가 수천 명이나 되었습니다."

첫 전투에 실패한 것은 간략히 넘어가고 다음 날 서생포에서 온 지원병을 물리친 이야기만 장황하게 늘어놓았다. 별영을 무너뜨렸다는 것도 과장이다. 곧 승전보가 올 줄 알았던 선조는 보고서를 가져온 마귀의 부하에게 술과 선물을 내리고 헤어질 때 맞절하기를 청할 정도였다.

첫 공격이 실패한 뒤 5만 병력이 넘는 연합군은 성을 뺑 둘러싸고 심심풀이처럼 공격을 가했고, 적은 필사적으로 싸웠다. 적은 성곽 위에 긴 행랑을 만들어 촘촘한 총안에서 조총을 쏘아댔다. 성을 향해 진격하는 병사들도, 성벽에 사다리를 걸고 오르려는 병사들도 조총의 제물이 되었다. 날이 갈수록 연합군의 시체가 쌓여가자 지휘관들은 "성내에 물도 없고 먹을 것이 떨어졌으니 포위를 풀지 않으면 저절로 무너지고 말 것이다" 하고 싸우려 들지를 않았다.

그러는 사이에 남해안 여기저기서 왜적 지원군이 당도하였다. 멀리 순천에서 농성하던 고니시 유키나가까지 달려와 6만이 넘게 되었다. 태화강 남쪽 야산 여기저기에 진을 치고 구원 작전의 적기를 노리던 왜적은 전투 13일 만인 1월 4일 왜성 남쪽 연합군 포위망을 창으로 찌르듯이 일제히 공격해 들어왔다.

허를 찔린 연합군은 허망하게 무너졌다. 마치 터진 둑으로 물이 쏟아져 내리듯 함성을 지르며 달려드는 왜적을 피해 달아나다 총격에 쓰러지고 창에 찔려 고꾸라졌다. 종군 화병이 그린 전투 상황도에는 말을 탄 왜병들이 도망치는 연합군 병사를 추격하여 창으로 공격하는 장면이 실황처럼 묘사되어 있다.

"중국 장수가 군대를 후퇴시키면서 먼저 보병을 내보내고, 스스로 기병을 거느리고 뒤를 막으면서 후퇴하는 것을 보았습니다. 장수가 도망치는 것을 보고 산 위의 적들이 줄지어 내려와 한꺼번에 사살하였는데, 보병 중에 살아 돌아온 자가 많지 않고, 기마병도 죽은 자가 얼마인지 모릅니다. 갑옷과 투구를 버리고 맨몸으로 탈출하기도 하였는데, 아군의 사상자도 많았습니다. 당당했던 대세가 순식간에 꺾이고 다 죽어가던 적이 도리어 흉독한 기세를 멋대로 부렸으니 진실로 통곡할 일입니다."

선조실록에 실린 이 한 줄의 패전 보고서가 역전된 전투의 참상을 증언하고 있다. 용열한 명군 장수의 결정이 조선 민중을 고통의 구렁텅이로 몰아넣은 생생한 증거다.

지원군 나베시마 나오시게(鍋島直茂 1538~1618) 군의 전투기록은 더 사실적이다.

"일본군 1만 2,000명은 모리 히데모토의 선봉대를 앞세우고 단번에 산을 달려 내려가 남쪽 성벽을 공격했다. 성을 둘러싼 조명 연합군은 땅이 흔들리도록 함성을 지르며 달려드는 일본군의 기세에 압도당해 남쪽 진부터 무너지기 시작했다. 대군은 천적에게 습격당한 오합지졸처럼 질서를 잃고 포위가 무너져 갈팡질팡하면서 도망갔다. 대군인 탓에 지휘관의 후퇴 명령도 전해지지 않았고, 성 내에서 싸우던 조선 병사들은 우왕좌왕하다가 성벽에서 굴러 떨어졌다. 일본군은 그런 혼란을 놓치지 않고 성난 파도처럼 거칠고 끈질기게 공격을 가했다."

울산왜성은 일본군 최전선 보루였다. 위도상으로 가장 북쪽이었고, 방위로는 일본과 가까운 동쪽 끝이었다. 일조유사시 언제라도 도망치기 쉬운 위치였다. 호랑이 같은 조선 수군도 없고, 망망대해와 맞닿아 있어 철수작전에 큰 장애가 없는 전략적 요지였다. 지금은 허물어진 성벽만 남은 학성공원(鶴城公園)에서 전투의 흔적을 찾을 수는 없다. 성이 무너진 것은 세월의 작용이지, 전투 때문이 아니다.

가을비가 차가운 25일 첫 새벽, 서울을 떠나 밤늦게 돌아온 울산

나들이에서 둘러본 울산왜성은 400여 년 전 그날과는 너무 달라져 있었다. 성 전체가 학성공원으로 변하여 시민들의 사랑을 받는 장소가 되었다. 성터 꼭대기에서 내려다본 천지개벽 같은 변화에 세월의 두께만 느꼈을 따름이다. 먹을 것이 없어 적병의 시신을 뒤졌다거나, 기갈을 면하려고 제 오줌을 받아 마시고, 말을 잡아 피를 마셨다는 아수라장을 엿볼 단서는 찾아내지 못하였다.

울산왜성은 3개 층으로 된 구조다. 해발 25m 지점에 산노마루(三の丸), 조금 위에 니노마루(二の丸), 맨 위에 혼마루(本丸)가 있었다는데, 지금은 석축 일부만 희미하게 남았다. 꼭대기 산노마루 터에 마련된 각종 운동기구에서 시민들이 땀을 흘리고 있었다.

큰 돌을 다듬어 경사면에 비스듬히 축대를 쌓은 것이 전형적인 왜성이다. 성문을 들어서면 급하게 방향을 꺾도록 되어 있는 호구(虎口)도 그렇다. 기마병이나 보병에게 성이 뚫려도 바로 본성으로 달려갈 수 없도록, 여러 굽이를 만들어 속도를 늦추려는 설계다. 호구에서 병력이 주춤거리는 사이 침입자를 사방에서 공격하려는 의도를 담은 설계다.

허허벌판이었을 격전지가 지금은 대도시 울산의 도심지가 되었다. 400년 넘는 세월에 무너져 내린 성터에는 수목과 초개가 우거져 울산성은 야산의 모습으로 변했다. 격전지가 공원으로 변하여 울산시민들이 가장 사랑하는 장소가 된 것이 가장 큰 변화일 것이다. 성 마루에 오르면 사방에 보이는 것은 온통 아파트와 빌딩 숲,

그리고 공장들이다. 상전벽해라는 말로는 표현이 한참 미흡하였다.

 울산왜성 전투가 왜병들에게 얼마나 비극적이었는지 국내에는 잘 알려지지 않았다. 성을 빼앗고 이 땅에서 왜를 몰아내지 못한 전투 결과로 보면 분명 조명 연합군의 패전이지만, 왜군은 돌이킬 수 없는 피해를 입었다. 일본에는 그 비극성이 잘 전해져 온다.
 영남 알프스라 불리는 서쪽 산악지대에서 발원한 태화강은 동쪽으로 곧게 흐르다가 급히 동해로 든다. 그 하구 언저리에 제법 널찍한 들판이 형성되어 까마득한 옛날부터 인간이 터잡고 살아왔다. 태화강가에 솟은 야트막한 언덕에 기요마사는 성을 쌓았다. 급히 자리를 잡아 그랬는지, 성 안에는 우물이 없었다. 남쪽으로 좀 더 가면 임진왜란 때 쌓은 서생포성이 있는데, 태화강 북안에 진을 치라는 히데요시의 명령을 거역하지 못하였던 모양이다. 직산 싸움에서 회군하여 도망쳐 내려가다가 잡은 입지라 하였다.
 조명 연합군은 성을 둘러싸고 군량과 탄약 등 군수품, 그리고 식수 공급 루트를 차단하였다. 벌판에 우뚝 고립된 성을 몇 겹으로 둘러싼 조명 연합군 포위망에 갇혀 현지 조달도 막힌 상황이었다.
 고니시 유키나가와 가토 기요마사의 운명적 대결을 그린 엔도 슈사쿠(遠藤周作 1923~1996)의 소설 〈숙적〉에는 그때의 참상이 이렇게 그려져 있다.
 "기록에 의하면 일본군 병사들의 다리는 가느다란 막대처럼 되었고, 그 때문에 각반이 흘러내렸으며, 얼굴은 여위어 다른 사람처럼 보였다 한다. 물을 찾아 야밤중 성 밖의 우물가에 가보면 우물 안에 시체가 던져져 있어서 물을 먹을 수 없도록 만들어 놓았다. 성내의 소와 말은 모두 잡아먹었다. 그것이 동나자 적병의 시체에서 먹을 것을 구했다. 담벼락 흙을 빗물에 풀어 마실 때도 있었다. 두 달이 지나자 이젠 아무것도 남지 않았다. 울산성은 차츰 지옥이 되어 가고 있었다."

여기서 말하는 기록이란 한 참전무사가 남긴〈조선이야기(朝鮮物語)〉이다. 아무리 목이 말라도 낮에는 어쩔 도리가 없었다. 밤이면

▲ 울산왜성 성벽 유허

우물을 찾아 성을 빠져나오지만 우물마다 돌로 메워졌거나 시체가 썩어가고 있었다. 위험을 무릅쓰고 태화강변을 찾아 나설 수밖에 없었다. 피로 물든 강물이라도 마시지 않고는 견딜 수 없었다.

"지옥과도 같은 울산성에서 기아에 빠진 가토 기요마사의 농성군은 구원군의 손에 간신히 구조되어 한숨을 돌렸다. 조명 연합군은 지원군에게 쫓겨 허겁지겁 철수했다. 그들 역시 일본군의 충격으로 상당한 사상자를 냈기 때문이었다. 포위에서 해방된 농성군이지만 양식이 떨어진 그들은 종이를 씹고 담벼락의 흙을 파먹었다고 한다. 기요마사의 수염도 자랄 대로 자랐고, 뺨이 말라서 쑥 들어간 채 구원군 앞에 나섰다."

울산성의 참상은 〈청정고려진각서(淸正高麗陣覺書)〉라는 기요마사 문서에도 나온다. "성내의 사기 조상(阻喪)은 정점에 달했다. 식량과 식수가 없어 성병(城兵)은 벽토(壁土)와 종이를 먹었고, 자기 오줌과 군마의 피를 마시는 판이었다."

이런 극한상황을 겪은 가토는 훗날 구마모토 성을 지을 때 천수각 다다미에 고구마 줄기를 섞어 짜도록 했다. 비상시의 연명책이었다. 식수난 경험 탓으로 성내에 우물을 120개나 팠다. 지금도 그때의 우물이 20여 개 남아 있다.

일본 측 기록에 나오듯이 4만 병력의 조명 연합군은 완공도 되지 않은 평지성을 오래 포위하고도 왜군을 제압하지 못하고 물러났다. 먼 나라에 와 피를 흘리기 싫었던 명군 장수 양호(楊鎬 ? ~1629)

가 내린 통한의 결정이었다.

울산왜성은 아직 완공도 되지 않은 상태여서 일제공격을 퍼부었으면 승리는 저절로 굴러들어왔을 것이다. 조명 연합군의 첫 공격이 12월 23일이었으니 착공 2개월도 못 되었을 때였다.

일본군의 출진기지였던 규슈의 나고야(名護屋)성 임진왜란박물관에 걸려 있는 울산성전투도에는 전투 상황이 파노라마처럼 묘사되어 있다. 들판에 평지성처럼 솟아있는 왜성을 조명 연합군이 먹이를 가운데 둔 개미떼처럼 겹겹이 둘러싸고 공격을 퍼붓는 장면이다. 전투 중에도 성안에서 말을 잡는 장면도 그려져 있다. 양식과 먹을 물이 떨어져 어쩔 수 없는 선택이었던 것이다. 저런 전쟁을 어째서 이기지 못하였는지, 의문이 풀리지 않았다.

"아침에 연기가 솟아오르고 대포 소리가 연달아 무슨 일이냐고 물으니 적군이 기습을 해왔다고 한다. 적군은 돌담 밑에서 맹렬하게 불화살을 쏘아댄다. 성안에는 물건들이 수없이 많은데 침구와 의복, 재물과 보석 등을 담은 상자에 불이 붙었다. 타오르는 연기 때문에 눈을 뜰 수가 없었다. 화재로 많은 무사와 인부들이 타죽었다." 종군 승려 케이넨(慶念)의 종군일기 〈조선일일기〉에는 전투 상황이 이렇게 씌어 있다. 성채 외곽에 사방으로 삥 둘러진 목조회랑 총구에 총을 걸고 결사적으로 소총을 쏘았다. 수많은 창구에서 불을 뿜는 총격으로 조명 연합군에 많은 사상자가 나왔다. 13일간의 전투에서 피아 1만 2,000명 가까이 죽었다는 기록이 그 전투의 참상을 말해준다.

연합군 포위망이 열흘 넘도록 이어지자 자포자기의 심정이 된 기요마사는 인근의 동료 장수에게 보낸 문서에서 자결 의사를 비추기도 하였다. 〈울산농성각서〉라는 일본 기록에 "나는 여기서 할복자살을 할 것이니 당신은 그 성에서 하시오"라는 말이 나온다. 케이넨도 일기에 "드디어 물도 식량도 떨어졌다. 더 이상 성을 방어할 수 없게 되었다. 내일은 성이 적의 수중에 떨어질 것이다. 밤새 부처님의 자비에 감사드리고 그 마음을 읊는다"고 썼다.

왜적은 울산왜성 전투에 너무 혼이 났던지, 그 뒤로는 성 밖에 얼씬도 않았다. 그러다가 몇 달 뒤 히데요시의 사망 소식이 날아들었다. 이를 계기로 임진·정유 7년 전쟁은 끝났다.

"성주님이 나에게 배를 타라고 하신다. 너무도 기쁘고 도무지 꿈인지 생시인지 분간할 수가 없다. 성을 내려올 때 너무 기뻐서 눈물을 흘렸고, 마치 공중에 떠 있는 것 같았다." 그때 성을 떠나 돌아간 병사가 남긴 감회 한 마디가 전쟁의 비극을 잘 말해준다.

기요마사가 울산에 당도한 것은 그해 10월 말이었다. 기요마사 토벌을 목적으로 경주에 본진을 설영한 조명 연합군에 맞서기 위해 그는 태화강 북안에 성을 쌓기 시작하였다. 축성에 동원된 병력은 가토의 부장(部將) 구키 히로타카(九鬼廣隆) 등 5개 부대 병력 1만 6,000명으로 기록되어 있다. 그 밖에 일본에서 차출되어 온 일반

농민 등이 강제노동에 동원되었다. 케이넨의 기록에 따르면, 그들은 새벽부터 산에 끌려가 건축자재 벌채에 동원되었는데, 조금이라도 게으름을 피우다 감독에게 들키면 목이 잘렸다 한다.

기요마사는 '일곱 자루의 창'이라 불린 히데요시의 근습(近習) 가운데 주군의 총애를 한 몸에 받은 가신이었다. 입이 무겁고 충직한 데다가 무술까지 뛰어났으니, 그만한 자격을 갖춘 사무라이가 없었다.

게다가 그는 주군 히데요시의 인척이어서 특별히 총애를 받은 인물이다. 기요마사의 어머니는 히데요시의 부인 네네와 시누이 올케 사이였다. 아들을 훌륭한 사무라이로 키우고 싶었던 기요마사의 어머니 이토는 벼르고 별러 아들을 히데요시 문하에 들여보내는 데 성공하였다. 천하통일을 눈앞에 두었던 오다 노부나가(織田伸長 1534~1582)의 신임이 두터운 부장 히데요시가 고향에 들렀을 때, 부인 네네를 통하여 접수된 부탁을 받아준 것이었다.

히데요시 문하에서 그는 단연코 으뜸가는 사무라이가 되었다. 타고난 체격조건과 근면성, 주군과의 관계를 의식한 충직성이 그를 모범적인 무사로 만들었을 것이다. 무사로 인정할 수 없는 유키나가에게 조선출진 제1군 장수의 명예를 빼앗긴 그는 사사건건 유키나가와 대립하였다. 그러나 우직한 그는 유키나가의 지략을 당하지 못하였다.

기요마사는 조선의 왕자 임해군을 인질로 잡은 일과 한국의 호랑이를 다 잡아먹었다는 이야기로 유명하다. 임금이 몽진한 평안도 방면을 유키나가에게 빼앗기고 함경도 방면을 맡게 되었을 때 뜻하지 않게 조선의 왕자 둘을 인질로 잡는 횡재를 얻었다.

함경북도 회령에 피란해 있던 임해군과 순화군은 거기서도 횡포를 멈추지 않았던 것이다. 수령을 닦달하고 아랫사람들을 시켜 백성들을 노략질하였다. 민심이 극도로 이반되어 있는 터에 국경인(鞠景仁 ? ~1592)의 반란이 일어났다. 왕자들의 한심한 작태에 혀를 차던 그는 제일 먼저 두 왕자를 붙잡아 기요마사에게 넘기고 말았다.

기요마사는 호랑이를 사냥해 호피를 히데요시에게 바쳐 신임을 사기도 하였다. 일본은 호랑이가 없는 나라였다. 그러니 영물의 상징인 호랑이보다 귀한 선물이 있을 수 있겠는가. "호랑이 고기가 강정식으로 좋다"는 시의들의 말을 듣고 히데요시는 고기도 보내라고 지시하였다. 기요마사는 내장까지 말려서 바쳤다. 59세에 아들을 얻은 후로 그는 더욱 호랑이고기를 찾았다 한다.

이런 이야기가 기요마사와 호랑이가 엉킨 전설의 연원이다. 지금도 구마모토 토산품에는 어김없이 호랑이 이미지가 들어간다. 축제 때가 아니어도 기요마사가 호랑이를 잡는 모형이 번화가에 장식된 모습을 흔히 볼 수 있다.

한국에서는 이승만 대통령 입에서 나온 말이라고 해서 유명해졌다. 한일 국교수립을 중재한 미국의 요청으로 1954년 일본을 방문해 요시다 시게루(吉田茂 1878~1967) 총리와 마주앉은 자리였다.

"한국에는 호랑이가 많다던데 아직도 많습니까?"

어색한 분위기를 누그러뜨리려는 듯 요시다 총리가 이 대통령에게 운을 떼었다.

"이젠 없습니다. 임진왜란 때 가등청정(가토 기요마사)이 다 잡아먹었습니다."

동석했던 김용식 주일공사의 입으로 이 말이 전해지자, 재일동포 사회는 통쾌한 반격이라고 크게 반겼다. 물론 국내의 반응도 마찬가지였다.

히데요시 사후 기요마사는 주군을 배반하고 도쿠가와 이에야스(德川家康 1542~1616) 편에 섰다. 천하의 패권을 놓고 충돌한 세키가하라(關が原) 전투(1600) 때 유키나가가 히데요시 아들 편에 섰던 것과는 너무 대조적인 처신이었다. 세키가하라 전투에서 패한 유키나가의 비참한 최후와는 대조적으로 기요마사는 승자의 영화를 누렸다. 그러나 자신을 길러준 히데요시를 배반한 죄의식 탓이었던지, 신구 권력자 가문의 화친을 위해 애쓰다가 50세에 세상을 떴다. 도쿠가와 측에 의해 독살되었다는 설도 전해진다.

가는 길

울산왜성 - 울산터미널에서 학성공원, 택시 6분

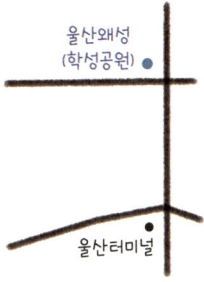

6.

순천왜성
천수대에 서다

　순천왜성은 상전벽해(桑田碧海)란 말을 실감하게 하는 곳이다. 바다가 변하여 공단이 되었으니, 어찌 작은 변화라 할까. 지금 우리 땅 어디고 그렇지 않은 곳이 있을까마는, 420년 세월의 두께가 이토록 두터울 줄 몰랐다. 성 안으로 바닷물을 끌어들이고 다리를 놓았다 하여 왜교성(倭橋城)이라 불렸다는 옛 이름과는 너무도 딴판이었다.
　성터 앞에 택시를 내렸을 때 제일 먼저 눈에 띈 것은 거대한 제철소 건물이었다. 옛 격전지에 웬 공장인가 싶었지만 그건 잇단 놀라움의 시작이었다. 한겨울 찬바람을 무릅쓰고 허위허위 성터에 올라 조망한 모습은 너무 놀라웠다.

　광양만 물결이 출렁거릴 것이라는 기대와 예상은 산산조각이 났다. 현대제철 하나만이 아니었다. 그 옆으로 무수한 공장 건물이 들어선 드넓은 공단이 시야에 펼쳐졌다. 저 넓은 공단이 얼마전까지도 바다였다는 사실이 아무래도 믿어지지 않았다. 뒤에 상세지도를 찾아보니 여수반도 동쪽 기슭을 메우다시피한 율촌 산업단지였다.

　역사의 기록에 나오는 격전지 노루섬[獐島]도 뭍으로 변하였다. 더 멀리 광양항 크레인이 보이지 않았다면 바닷가라고는 상상도 못할 광경이었다. 거대한 기린이 줄지어 선 듯, 오렌지색 크레인 무리 너머로 흰 연기를 내뿜는 광양제철소 공장 건물 군, 그 너머로는 여수와 광양을 잇는 이순신대교 트러스가 희미하였다. 아, 이순신 장군이 여기에 살아나셨구나 싶어 겨우 반가운 마음이 들었다.

　근년에 대대적으로 정비하였다는 성터는 말끔해 보였다. 마른 수풀 너머 나지막한 구릉 자락에 문루 터가 눈에 들어왔다. 가까이 가보니 '제1문지(門趾)'라는 안내판이 서 있다. 제1성문 자리인데, 문루는 사라지고 돌로 쌓은 기단만 남았다. 그것도 허물어져 덤불 속에 숨었던 것을 근래에 다시 쌓은 것이다. 색깔이 어두운 돌은 옛것이고, 밝은 것은 다시 깎은 것. 옛것과 새것의 부조화가 엇박자 같았다.

　얼마 가지 않아 제2문지가 나오고, 거기서 왼편으로 방향을 틀어 한참을 오르니 병사(兵舍)들이 줄지어 있었을 병영 구역이다. 역시 옛돌과 새돌이 뒤섞인 복원성곽 지대다. 거기서 한 구비 더 오르니 지휘부 건물들이 있었을 혼마루(本丸) 구역이 펼쳐졌다. 학교 운동장만한 공터 저편 끝에 천수대(天守臺) 자리가 우뚝하였다.

　기단으로 오르는 계단 옆 안내판에는 "천수대 위에 오층망해루(五層望海樓)가 있었다"고 쓰여 있다. 명나라 종군 화수(畵手)가 그렸다는 〈정왜기공도(征倭紀功圖)〉 화첩에 나오는 조감도가 복사되어 있었는데, 마치 교회 첨탑을 닮은 목조 오층 누각이다.

　천수각이라고 할 것까지는 못되어 망해루라 한 것이리라. 바다를 더 멀리 내다볼 수 있도록 높이 지어 올렸으니, 실은 적정을 살피는 장대 역할을 한 건물이었다. 그 밑은 바로 바다. 가파른 비탈 아래 접안 시설이 길게 늘어서 있고, 수많은 왜선이 정박해 있다.

　물론 망해루 건물은 지금 없고 기단만 남았다. 이순신 장군의 공격을 받아 급하게 도망치며 불을 질렀다고 알려진 것으로 보아 1598년 11월 하순에 소실되었을 것이다. 천수대 기단의 크기가 옛 모습을 짐작케 한다. 가로 18m 세로 14m라니 그리 크지는 않았다.

　성 돌은 대개가 자연석이다. 모양이 제각각인 돌을 엇갈려 쌓은 기법은 옛 축성법 그대로라고 하지만, 모서리는 바윗돌을 깎아 쌓은 흔적이 뚜렷하였다. 쐐기질로 깎았다는 설명으로 보아 큰돌을 쪼아 틈을 내고 쐐기를 박아 쪼갠 것이리라. 그 많은 돌을 깎고 자르고 운반하고 쌓는데 얼마나 많은 공력이 들었을 것인가! 돌 다루는 기계나 장비가 없었을 시대, 왜병들의 채찍 아래 그 일을 하지 않고는 살아남지 못하였을 고역이 인근에서 포로로 붙잡힌 백성들 몫이었을 것 아닌가.

성의 규모는 외성 3첩에 내성 3첩이다. 그 방대한 구조물이 다 돌과 흙과 목재로 이루어졌으니 노역의 고통에 상상이 가고도 남는다. 천수대 주변 땅속에서는 지금도 색깔이 서로 다른 와편이 출

▲ 순천왜성 천수대 성벽

▲ 순천왜성 전투상황(정왜기공도)

토된다고 한다. 왜병들이 근처 절집이나 민가 관공서 건물 기와를 걷어다 천수각 지붕에 올린 것이다. 여러 지붕에서 걷어낸 것이니 재질과 색깔이 제각각일 터이다.

축성에는 3개월이 걸렸다는 기록이 있다. "행장(行長 유키나가) 등이 구례를 거쳐 순천으로 향하여 왜교에 결진, 성을 쌓고 막사를 지었다"는 〈난중잡록〉 정유년 9월 기사에 따르면, 축성은 1597년 9월에 시작되었다. 그해 12월 초, 고니시 유키나가가 우키타 히데이에에게 보낸 축성 보고 서장에는 그 달에 축성이 끝났다고 되어 있다.

유키나가가 호남 공략의 거점으로 삼았던 성을 그곳에 쌓은 것은 병참 보급과 유사시 탈출을 염두에 두었기 때문이다. 병참에는 무엇보다 바닷길과 맞닿은 요충지가 필요하다. 남해, 사천, 고성, 창원, 울산 등 경남 남해안에 점재한 왜성들과 바닷길로 연결되어 왕래도 쉬웠을 것이다.

〈정왜기공도〉는 1598년 9월 조명 연합군의 육상공격전 상황으로 보인다. 왜성 북쪽 검단산성에 주둔했던 조명 연합군이 기병을 앞세우고 외성을 향하여 들이닥치자 왜병들이 황급히 후퇴하는 모습이 실감나게 표현되었다. 성 아래 당도한 보병들이 활을 쏘는 모습도 있다. 성루 안쪽에 점점이 뚫린 총안에 총신을 걸고 길게 늘어선 소총수들이 결사적으로 총을 쏘는 장면이 묘사되었고, 그 아래에는 판벽에 몸을 숨긴 왜병들이 반격하는 모습도 보인다.

성의 규모는 엄청나다. 1만 4천 병력을 너끈히 품었음직하다. 해발 40m쯤 되어 보이는 혼마루(本丸)를 중심으로 수많은 건물이 세 겹으로 배치되었다. 성 한가운데 물길을 내고 두 개의 다리가 놓였는데, 밤이면 다리가 걷혀 내성과 외성이 물길로 갈리었다. 그래서 왜교성이라는 이름이 붙었고, 밤에 다리를 끌어당겨 물길을 텄다고 해서 예교성(曳橋城)이라고도 불렀다.

물길은 외부 공격을 막는 해자의 역할을 하였다. 다리를 끌어들이면 내성 지역은 섬이 되었다. 그 물길은 지금 흔적만 남았다. 성 입구의 주차구역에서 보면 갈대가 무성한 연못이 보이는데, 이것이 그 흔적이다.

유키나가가 구사일생으로 순천왜성을 탈출한 이야기는 그들에게 철병이 얼마나 다급하고 치욕스러운 것이었는지를 증언한다. 이순신 장군에게까지 뇌물공세를 취한 사실은 또 얼마나 화급했던지를 말해준다. 화가 난 이순신은 "우리의 보화는 너희 대장 머리뿐"이라고 사자를 쫓아 보냈다.

유키나가는 사천시 선진리에 주둔한 시마즈 요시히로에게 지원을 요청하고 납작 엎드려 있었다. 명나라 장수에게 쓴 뇌물 덕에 명군이 철수하고, 지원군이 오는 길목인 노량 바다에서 이순신 장군이 목숨 바쳐 총력전을 펴는 틈을 타 겨우 도망칠 수 있었다.

1598년 8월 18일 침략전쟁의 원흉 히데요시가 죽은 뒤 왜군 전 진영에 철수 명령이 떨어졌다. 그러나 곱게 돌아가도록 놓아둘 조선이 아니었다. 성안에 갇혀 농성 중인 왜병들을 수륙협공으로 섬멸하자는 작전 계획이 수립되었다. 육지에서는 조선군까지 거느린 명군 장수 유정(劉綎 ? ~1619)이, 바다에서는 이순신 장군과 명 수로군 대장 진린(陳璘 1543~1607)이 동시에 협공하는 사로병진(四路並進) 계획이었다.

그러나 명군은 내 전투처럼 움직여주지 않았다. 유정은 처음에는 기세를 올리는 것처럼 보였으나 이내 속셈을 드러냈다. 조선군을 포함하여 2만이 훨씬 넘는 병력을 가지고도 싸울 생각을 하지 않았다. 군량을 맡았던 호조판서 김수(金睟 1547~1615)가 공격하자고 하면 성만 냈다고 한다.

병조판서 이덕형(李德馨 1561~1613)의 장계를 근거로 한 〈선조실록〉 기사에는 이렇게 적혀 있다. "유정은 한결같이 교만하고 경솔하며 여자를 좋아할 뿐입니다. 늘 적을 뒤에 두고 진군하기 불편하다고 합니다. 남원에서 거느리던 기생을 진중으로 데리고 왔습니다. 부하 장수들과 군사들도 다투어 여자를 데리고 다녀 진중이 문란하기 비길 데 없습니다."

울산왜성을 포위하였던 마귀(麻貴)가 그랬듯이, 그는 싸우는 시늉만 하면서 세월만 보냈다. 아직 병기가 오지 않았다, 공격의 적기가 아니다 등등 갖가지 핑계를 대면서 군량만 축내다가 유키나가의 강화제안과 뇌물에 눈이 멀었다. 퇴로 확보에 혈안이 된 유키나가는 "성을 비워줄 때 군량과 약탈 재물을 그대로 넘겨주고 수급(首級) 1,000을 주겠다"는 조건으로 강화를 제안하였다. 피를 흘리고 싶지 않았던 유정에게는 바라고 기다리던 떡이었다. 뇌물을 얼마나 받았는지는 기록에 없으나, 적에게 그 정도 조건으로 포위망을 풀어 주었겠는가. 뒷날을 기하겠다면서 유정이 순천으로 회군한 길가에 군량 쌀이 허옇게 흘려져 있었다는 기록이 남았다. 검단산성 주둔 중 그가 무슨 일을 했을지 짐작이 가고도 남는다.

수륙협공 계획에 따라 이순신 장군이 진린 제독의 함대와 함께 강진 고금도 기지를 떠난 것은 1598년 9월 15일이었다. 조명 수군 연합함대가 왜교성 공격을 시작한 것은 9월 20일. 광양만은 바다가 얕아 썰물 때는 배가 다니기 불편하였다. 밀물 때를 이용하여 치고 들어갔다가 빠지는 전법으로 10여 일을 보내는 사이 육지에서는 아무 기척이 없었다. 그도 그럴 것이 유정은 미적거리기만 하다가 10월 6일 철군해 버렸다.

그동안의 전투에서 이순신은 큰 전과를 올렸다. 왜선 격침 30척, 나포 11척이었다. 노루섬 왜군 군량창고를 털고 불태우는가 하면, 얕은 수로에 좌초된 진린 함대를 지원하여 진 제독의 목숨을 구하기도 하였다. 이런 은혜를 입고도 진린은 유정의 행로를 답습하였다. 퇴로를 얻기에 혈안이 된 유키나가의 뇌물공세에 넘어간 것이다.

일본 작가 기리노 사쿠진(桐野作人 1954~)의 〈노량해전〉에 따르면, 11월 14일 밤 붉은 깃발을 올린 왜선 2척이 명 수군 진영으로 들어갔다. 진린은 통역을 대동하고 나와 배를 맞있다. 왜군은 돼지 2마리를 그에게 바쳤다. 그날 이후 양 진영에 사자(使者)의 왕래가 있었는데, 16일 진린이 순천에 보낸 사자에게 일본 측은 창·칼 등 무기류 3척분을 바쳤다.

〈이충무공 행록〉에는 이렇게 기록되었다. "11월 14일 밤 왜 소장이 7명을 데리고 배를 타고 진린 도독부로 들어가서 돼지와 술을 바치고 돌아갔다. 15일에도 왜 사자가 또 도독부로 갔고, 16일에는 도독이 부하 장수 진문동(陳文同)을 적 진영으로 보냈다. 조금 있다가 왜적 오도주(五島主)라는 자가 배 3척에 말과 창과 칼 등을 싣고 가서 도독에게 바치고 돌아갔다. 그 뒤로 왜 사자들이 도독부에 끊임없이 왕래하더니, 마침내 도독이 공에게 화친을 허락해 주도록 부탁했다."

이 사실은 이순신의 〈난중일기〉에도 기록되었다. 14일 자 일기에 "왜선 2척이 강화할 차로 바다 가운데로 나오니 도독이 왜말 통역관을 시켜 조용히 왜선을 마중하여 붉은 기와 환도 등을 받았다. 오후 8시에 왜장이 작은 배를 타고 도독부로 들어가서 돼지 2마리와 술 2통을 바치고 갔다"는 게 그것이다. 16일 자 일기에는 "도독이 진문동을 왜영으로 들여보내니, 왜선 3척이 말 1필과 창·칼 등을 도독에게 바쳤다"라고 적혀 있다.

진린은 16일 밤 왜교성에서 나온 왜선 1척의 광양만 통과를 허락하였다. 그 배는 사천에 주둔한 시마즈 요시히로, 남해에 주둔한 소 요시토시(宗義智 1568~1615) 등에게 구원을 요청하는 메시지를 지니고 있었다.

그 후 진린은 왜교성 앞바다에서 철수하였다. 남해에서 농성 중인 왜군을 먼저 토벌하겠다는 것이었다. "그들은 왜적에게 포로로 잡힌 우리 백성들이니 급할 것 없다"는 이순신의 만류에도, "이미 적에 붙었으니 적과 마찬가지"라면서 그는 함대를 인솔하여 떠나갔다.

같은 날 저녁, 왜교성에서 한 줄기 봉화가 올랐다. 사천, 곤양, 남해 등에 주둔한 왜군 진영에 구원을 요청하는 신호였다. 이를 간파한 이순신은 원군이 오기 전에 맞아 싸우지 않으면 다 놓치겠다는 판단으로 왜교성 앞바다를 떠났다. 17일 물목이 좁은 노량 앞바다에 진을 쳤다. 남해에 있던 진린도 나서지 않을 수 없었다. 이순신이 순국한 노량 해전은 이렇게 시작되었다.

시마즈 요시히로 등 지원군 왜선 500척과 조명 연합수군 500척의 대회전이었다. 노량 앞바다가 포성과 불길과 피로 물든 틈을 타 왜교성을 탈출한 유키나가는 남해섬을 멀리 돌아 쥐새끼처럼 도망쳐갔다.

돌아가는 길에 '소서행장 전승비'를 찾아본 것은 뜻밖의 수확이다. 순천 터미널 관광안내소에서 신성리 왜성 가는 길을 물을 때 친절한 안내원은 "성터만 보지 말고 충무사에 복원해 놓은 비석도 보고 오시지요" 하였다. 1930년 조선군사령관을 지낸 히야시 센주로(林銑十郞 1876~1943)가 천수대 꼭대기에 세웠다는 비석은 광복 후 지역주민들 손으로 철거되어 논바닥에 내동댕이쳐졌다. 광복 후 면사무소 창고에서 발견되어 2013년 충무사 관리인 숙소 앞마당에 다시 세워졌다. 전면에 '소서행장지성(小西行長之城)'이라 쓰였는데, 다듬어지지 않은 뒷면의 글자는 보이지 않았다.

하야시 센주로(林 銑十郞 1876~1943)는 중장 시절인 1930년 조선군사령관으로 부임하였다. 이듬해 만주사변이 일어나자 본국 허가도 없이 휘하 부대를 만주에 파견한 일로 일본정계에 물의를 일으켰던 자이다. 만주국 창설에 세운 공으로 승승장구하여 1937년 제

▲ 순천왜성 소서행장비

33대 일본 총리까지 올랐었다.

  히데요시의 조선 침략을 정당화하고 찬양하는 마음으로 세운 것이라 하여 그 비석은 '소서행장 전승비'로 불렸다. 명나라 장수들에게 뇌물을 쓰고 야반도주한 사실을 알았는지 몰랐는지. 극우주의,

국수주의에 물든 군인들이란 어느 시대 어느 곳에서나 역사에 오점을 남기기 마련이다.

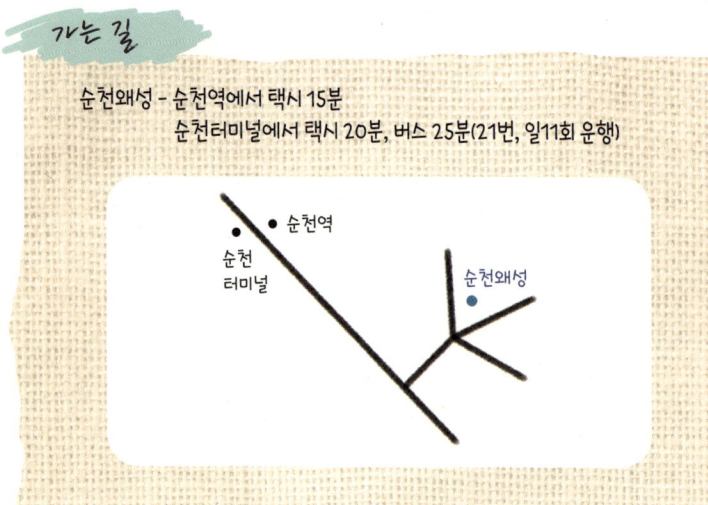

7.

잘려나간 코와 귀,
선진리 왜성

　선진리(船津里) 왜성을 다시 찾은 것은 꼭 13년 만이었다. 남해안 꽃마중 길에 벚꽃명소라는 소문에 이끌려 찾아간 것이 2004년 4월이었다. 경남 사천군 용현면 선진리. 사천만 바다가 내륙으로 깊숙이 파고든 한적한 어촌마을의 야산을 뒤덮은 벚꽃이 제철이었다. 그곳이 정유재란 때 일본무장 시마즈 요시히로 부자의 거점이었다는 사실에 잠시 관심을 가졌었다. 그는 지금의 가고시마(鹿兒島) 땅인 사쓰마(薩摩) 영주였다.
　그 벚나무들이 일제의 유물이라는 사실을 알고 잠시 세월의 나이테를 헤아려 보았다. 성의 주인이었던 시마즈 후손들 입김으로 조선총독부는 그곳에 공원을 꾸미고 벚나무를 심었다 한다. 더러는 그때 심은 것으로 보이는 고목도 있었다. 그 벚나무들은 봄마다 무심한 꽃잎을 쏟아낸다. 올 4월에도 벚꽃축제가 또 사람들을 유혹할 것이다.

첫 방문 이후 13년 동안 많은 변화가 일어났다. 2005년부터 시작된 성터 발굴사업에서 의미 있는 출토품이 나왔다는 사실은 몰랐다. 그때 자기류 같은 고려시대 출토품이 나온 것으로 보아, 왜성이 생기기 전부터 왜구의 분탕질에 대비해 고려수군영이 있었다는 사실이 증명되었다. 옛 모습을 짐작하게 하는 편린이 성터에서 복원된 사실도 알 턱이 없었다.

첫 버스로 진주에 도착해 삼천포 가는 버스로 갈아타고, 선진리 정류장에서 내려 3km를 걸어서 갔다. 1598년 가을 사천 벌을 붉은 피로 물들인 치욕적인 패전의 흔적은 남았을 리 없겠지만, 분위기만은 느껴보고 싶었다.

긴 겨울잠에서 깨어난 들판 여기저기서 봄 기지개가 한창이었다. 농수로마다 물이 흘러넘치고, 농사 준비에 바쁜 농부들 모습이 정겨웠다. 논두렁과 밭둑 너머 울타리마다 피어나는 매화도 반가웠다. 420년 전 초토에도 봄은 왔다.

싸움에 패해 달아나다가 왜군의 소총에 맞아 죽고, 칼과 창에 찔려 죽은 수많은 조명 연합군 병사들의 비참한 최후는 이제 까마득한 옛일일 뿐이다. 지금 그 땅에 사는 사람들 대개가 그런 일이 있었다는 사실조차 알지 못하는 시대다.

선진리 왜성도 순천과 울산처럼 바다와 뭍에서 치열한 전투가 벌어진 곳이다. 한 가지 차이가 있다면 순천과 울산 육전(陸戰)에서는 명군이 적장의 뇌물을 받거나 몸을 사려 비겁하게 물러난 데 비해, 선진리 전투는 어이없는 패전이었다는 사실이다.

병력면에서 비교조차 되지 않았던 조명 연합군의 선진리 패퇴는 정유재란 최대의 치욕으로 기록되었다. 오죽하면 일본이 전과를 크게 부풀려 3대첩 중 하나로 자랑했을까!

서전은 연합군의 승승장구였다. 중로(中路)군 장수였던 명군 제독 동일원(董一元)이 이끄는 명군 3만 7,000에, 정기룡(鄭起龍 1562~1622) 장군 휘하의 조선군 3,000은 1598년 9월 20일 진주성을 차지했던 왜군을 쉽사리 물리쳤다. 이어 남강변 망진산 왜성까지 함락시켜 왜군을 바닷가로 내몰았다. 진주성과 망진산을 거점으로 연합군에 저항하던 왜군은 압도적인 병력에 위축되어 사천읍성과 선진리 왜성으로 후퇴하고 말았다.

사천읍성도 쉽사리 탈환되었다. 정기룡이 읍성을 포위하고 야간 기습공격을 가하여 가볍게 수복한 것이다. 시마즈 군은 7km 서남쪽 선진리 성으로 철수하면서, 수백 명의 병력을 남겨 수성토록 하였다. 그 병력으로 4만 대병을 막으라는 것은 연합군 남진의 속도를 늦추어 조금이라도 시간을 벌어보자는 계산이었을 것이다.

선진리 전투는 10월 1일이었다. 양력으로는 10월 30일, 4만 연합군과 1만 안팎의 시마즈 군이 가을 들판에서 벌인 창과 방패의 대결이었다. 누가 보아도 싸움이 되지 않을 이 전투에서 연합군은 역사적인 치욕을 당하였다. 사천만 바닷가 고지대에 견고한 성을 쌓고 농성하던 시마즈 군은 독 안에 든 쥐 형국이었다. 그러나 연합군은 그 쥐에게 급소를 물린 꼴이 되었다.

성내를 향하여 포화를 집중하고 성문을 부수려고 돌격대를 투입하였다. 성문만 열리면 전투는 끝이었다. 왜군은 유리한 지형을 등에 지고 결사항전으로 나왔다. 주변에 미리 지뢰를 매설하고 조총을 총동원하여 연합군의 행동반경을 묶었다. 전투 중 세토구치 시게하루(瀨戶重治)가 연합군 식량창고를 불화살로 공격해 군량미가 소실되었다. 군량이 사라진 것을 의식하지 않을 수 없었던 연합군

▼ 복원된 선진리 왜성

의 공세는 눈에 띄게 수그러들었다.

 게다가 뜻하지 않은 사고까지 일어났다. 사고였는지 적의 공격에 당한 것이었는지 분명하지 않다. 명군 화약고가 폭발하여 큰 혼란이 일어났다. 어떤 기록에는 왜군의 불화살로 일어난 일이라 하고, 어떤 기록에는 명군의 실수라고 되어 있다.

 연합군 진영이 우왕좌왕 혼란에 빠진 틈을 타 왜군은 일제 공격으로 돌변하였다. 불끄기에 동원된 병사들이 미처 무기를 챙겨 들 사이도 없이 밀려든 왜적의 공격에 연합군 전선은 허무하게 와해되었다. 너나없이 도망치는 병사들로 진중이 어지러웠다. 어쩔 도리 없이 동일원은 남은 군사를 진주성으로 철수시켰다.

 왜군은 달아나는 병사들을 추격하면서 총을 쏘고 칼과 창을 휘둘렀다. 사천 벌은 순식간에 단말마 비명으로 아비규환이 되었다. 논두렁과 밭두렁마다 피로 물들었다. 연합군이 철수해 달아난 진주까지 핏자국이 있었다는 기록이 남았을 정도다.

 그렇게 죽은 연합군 전사자 숫자는 제각각이다. 뜻하지 않은 전과를 크게 자랑하고 싶었던 일본 측 기록에는 2만~3만으로 나오는데 비해, 〈선조실록〉에는 7,000~8,000명에 달한다고 되어 있다. 일본이 크게 늘이고 조선이 크게 줄였다고 본다면, 1만 안팎은 되지 않았을까 하는 의견이 타당해 보인다.

 더 비극적인 것은 그 후의 일이다. 시마즈는 전공을 자랑하기 위하여 전사자 시체에서 코와 귀를 잘라 소금에 절여 도요토미 히데요시에게 보냈다. 전공을 증명할 수급 대신에 잘라 보낸 코와 귀는 지금 교토(京都)의 유명한 사적지 미미즈카(耳塚)에 묻혀 있다. 거기에 묻힌 원혼은 이 전투 희생자만이 아니다. 산 사람 코도 베어 보냈다는 기록이 있다. 모두 12만이 넘었다. 그 한을 풀고자 1992년 박삼중 스님(부산 자비사)은 원혼이 깃든 교토 미미즈카의 흙을 떠다가 선진리 조명군총(朝明軍塚) 옆에 안장하고 비석을 세웠다.

선진리 전투 패전 보고를 받은 명나라 만력황제는 크게 노하여 즉시 진군하여 성을 빼앗고 왜장을 징치하라는 엄명을 내렸다. 겁

▼ 사천시 선진리 조명군총

에 질린 동일원은 남은 병력을 추슬러 11월 17일 다시 왜성공격에 나섰으나, 시마즈는 성을 버리고 귀국한 뒤였다.

 왜군이 만행을 저지르고 쫓겨간 뒤 현지 백성들이 시신을 수습하여 묻은 조명군총이 남아있다. 여기저기서 썩어가는 악취를 견디다 못한 백성들은 코와 귀가 잘린 수급을 모아 성 옆에 묻었다. 명군 수가 훨씬 많아 '당병무덤' 또는 '뎅강 무데기'라 불렀다. 뎅강 무데기란 말이 섬뜩하였다. 아무도 돌보는 이가 없어 무덤은 원형 그대로 보전되다가 1983년 사천문화원과 민간이 협력하여 비석을

세우고 해마다 10월 30일 제사를 올리고 있다.

왕릉의 규모에 못지않을 거대한 무덤 주위에 무심한 매화와 동백이 올해도 피었다. 남의 나라, 남의 땅에서 비참한 최후를 맞은 원혼들에게 한 가닥 위안이 되려는지.

선진리 왜성은 처음 왔을 때와는 비교도 되지 않을 만큼 말쑥하게 새 단장을 하고 있었다. 2005년 발굴사업에 뒤이어 복원공사와 공원화공사가 끝난 탓이다. 동쪽에 있던 성문 터에는 육중한 문루도 복원되었다. 전형적인 일본 성에 들어서는 기분이었다. 천수대 자리에 우뚝 선 6·25 전몰 공군장병 위령탑은 엉뚱해 보였지만, 허물어졌던 성곽이 복원되어 옛 모습을 짐작해 볼 수 있게 되었다.

성 마루에서 바라본 사천만 바다는 드넓은 호수 같았다. 잔물결 하나 없는 잔잔한 바다가 옛날 그 자리에 고요히 가라앉아 있었다. 임진년 해전에 처음 출전한 거북선 용머리가 포효하며 왜선들을 수장시킨 성난 바다였다고는 믿을 수 없을 만큼 순하고 얌전하였다.

치욕적인 육전과는 반대로 임진년 해전은 통쾌한 승첩이었다. 세계 해전역사에 그 명성을 떨친 이순신 함대의 거북선이 처음으로 위력을 과시한 전투였다는 점에서도 사천만 해전은 유명하다.

사천해전은 1592년 5월 하순의 일이다. 첫 승첩인 옥포해전(1592.5.7) 직후 전라좌수영(여수)으로 돌아간 이순신이 전열을 가다듬을 새도 없었던 5월 27일, 경상우수사 원균에게서 다급한 지원 요청이 날아왔다. "왜군 전선 10여 척이 사천 곤양 바다를 침범하여 노량에 대피하였으니 빨리 와서 도와 달라"는 것이었다. 사사로운 감정에 구애받을 일이 아니라고 판단한 이순신은 곧 휘하 장수들을 거느리고 경상도 바다로 달려갔다.

  삼천포 해안에서 멀리 내륙으로 파고 들어간 사천 바다로 저어가자 선진포구에 왜선들이 오색 깃발을 날리며 정박해 있는 것이 보였다. 이순신은 처음 거느리고 온 거북선 성능을 실험해 볼 겸, 적선을 너른 바다로 유인하는 작전을 펼쳤다. 적은 그 계책에 넘어가 따라나섰다. 두려운 척 물러가던 이순신 함대가 수심이 깊은 바다에 이르러, 돌연 뱃머리를 돌려 거북선을 앞세우고 적진으로 돌진하였다.

  거북선 용구(龍口)에서 천자총통, 지자총통 등 화포들이 불을 뿜고 여러 판옥선들이 일제히 불화살과 총통공격을 퍼붓자 적선들은 삽시간에 불길에 휩싸여 엎어지고 깨지고 가라앉았다. 불타는 선상의 왜병들이 비명을 지르며 물에 뛰어들고, 천신만고 끝에 뭍으로 오른 것들은 산으로 도망치며 통곡을 쏟아냈다. 삽시간에 왜선 10여 척을 분멸시키고 당파한 쾌거였다.

  이 해전의 의미는 단연코 거북선의 성능에 귀일한다. 무시무시한 용머리를 앞에 달고 무서울 것 없다는 듯 달려드는 괴물 같은 전함에 왜적은 크게 당황하였다. 선재도 두꺼운 적송으로 되어 있어, 가볍고 날렵하기만 한 왜선들은 부딪히는 대로 깨어졌다.

이 해전에 뒤이은 당포해전이 끝난 뒤 이순신이 임금에게 올린 전투 보고서 〈당포파왜병장(唐浦破倭兵狀)〉에는 전투 상황이 이렇게 묘사되어 있다.

"산 위와 배를 지키는 곳에서 왜적들이 빗발치듯 철환을 쏘았는데, 그 가운데 우리나라 사람도 섞여 있어 분하여 배를 급히 저어 앞으로 나아가 배를 두들겼습니다. 여러 장수들이 한 번에 구름처럼 모여들어 천자·지자 대포들과 장편전·화전 등을 쏘아 천지를 뒤흔들었고, 고막이 상해서 엎어지는 자, 부축해서 끌고 달아나는 자가 얼마인지 모르겠으며, 언덕으로 물러가서 감히 앞으로 나올 생각을 하지 못하였습니다."

왜선들은 처음에는 거북선의 무서운 외양에 겁을 먹었으나 판옥선보다 크지 않은 몸집에 자신감을 가졌던 모양이다. 일단의 왜병들이 2층 층루에서 사다리를 걸고 거북선 위로 뛰어내렸다. 육박전에 도가 튼 그들은 단병전에 승부를 걸 요량이었겠지만, 뛰어내린 적병마다 비명을 지르며 주저앉았다. 거북선 등을 덮은 가마니 거적 속에 촘촘히 박힌 철추에 팔다리와 배가 찔린 것이다.

첫 해전이 끝난 뒤 이순신은 신병기 거북선의 보안을 위해 삼천포 대방진 굴항(窟港)에 깊숙이 정박시켰다. 이순신 선단은 현장에서 멀지 않은 모자랑포에서 밤을 보내면서 거북선은 안전하게 멀리 숨겨둔 것이다. 굴항은 지금도 옛 모습 그대로 남아있다. 고려

시대부터 왜구 침입에 대비해 군선을 안전하게 정박시키려고 만든 시설이 요긴하게 쓰인 것이다. 그 뒤로도 굴항은 조선 수군의 중요 시설로 보전되어 왔다.

사천해전에서 이순신은 큰 전상을 입었지만 내색을 하지 않고 부하장수의 상처를 돌보아 주는 대인의 풍모를 보여주었다. 〈이충무공 행록〉에 따르면, 신변의 안전을 돌보지 않고 줄곧 대장선 꼭대기에 선채로 전투를 지휘하다가 그는 어깨에 적탄을 맞았다. 피가 발등까지 흘러내렸는데도 활을 놓지 않고 지휘를 마쳤다.

▲ 사천 선진리 왜성 이충무공승전비

전투가 끝난 뒤에야 상처를 내보인 그는 생살을 두 치(6cm)나 째고 철환을 제거하는 수술을 받는 동안에도 태연히 웃으며 부하들과 이야기를 멈추지 않았다. 그 상처는 1년이 넘도록 낫지 않았지만 그는 내색을 하지 않았다. 다음 해 유성룡에게 보낸 편지에서 "죽음에 이를 만큼 다치지는 않았지만 연일 갑옷을 입고 있는데다 상처에서 진물이 줄줄 흘러 아직 옷을 입을 수 없습니다. 뽕나무 잿물로도 바닷물로도 씻어보지만 차도가 없어 민망할 따름"이라고 고통을 실토하였다.

이 전투에 이기지 못하였다면 왜군의 호남 진출 거점인 선진리를 잃어 임진왜란 초기 전쟁의 양상이 크게 바뀌었을 것이다. 사천해전 직후 당포해전에서도 승리한 이순신의 장계에 "사천선창에서 바라보니 험준한 산 위에 400여 명의 왜적들이 긴 뱀이 똬리를 튼 모양의 진(長蛇結陣)을 치고 붉고 흰 깃발을 난잡하게 꽂아 사람의 눈을 어지럽게 하고 있었다."는 기사가 있다. 왜성을 쌓고 있는 모습이 묘사된 것으로 해석된다.

이순신이 사천해전에 패했다면 왜성 축성공사는 바로 완공되었을 것이다. 그랬으면 이순신의 본거지인 전라좌수영과 뒷날 한산도 통제영까지 감제하는 요지를 그들이 차지하였을 것이다. 그런 점에서도 사천해전 승첩은 전쟁 초기 제해권 향방을 가른 중요한 전기였다.

선진리 왜성은 정유재란이 일어난 1597년 10월, 왜군장수 모리

요시시로(毛利吉城)에 의하여 축성되었다. 공사에 불과 2개월이 걸렸다는 기록으로 보아 곡창 호남을 도모하려는 작전 계획이 얼마나 시급했던지 그 사정을 알 만하다.

그런 곳에 갇혔던 왜장을 징치하지 못한 선진리 전투 현장을 답사하면서 나의 전쟁과 남의 전쟁, 나의 염원과 남의 인식 간의 상관관계를 골똘히 천착하게 되었다.

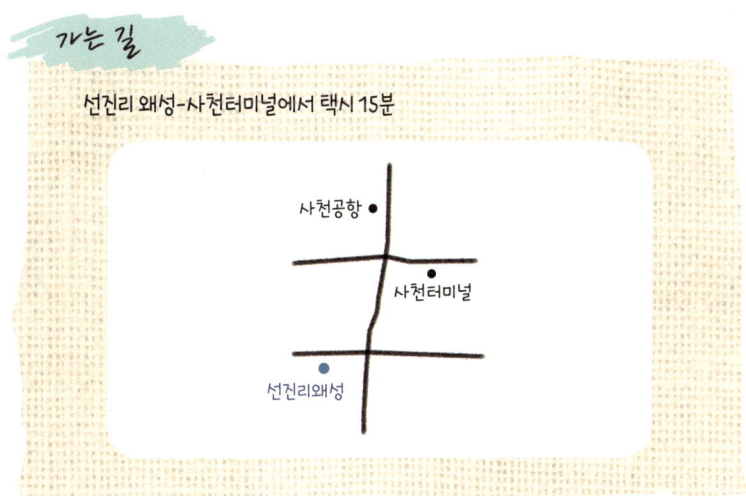

8.

성웅의 별,
노량에 지다

 노량해전 대승첩이 없었다면 조선은 얼마나 가련하고 부끄러운 나라였겠는가! 이순신 장군이 도망치는 왜적의 앞길을 가로막고, "한 척도 살려 보내지 않겠다"고 분전하다가 살신성인하지 않았다면 조선은 정말 의기도 결기도 없는 나라가 되고 말았을 것이다. 임진년 국난 이래 중국에만 매달려 주권을 포기한 나라로 종전을 맞았더라면 수오지심도 모르는 나라가 되었을 것이다.

 1592년 4월 13일 부산포에 당도한 왜군은 무주공산을 달리듯 치고 올라와 채 20일도 못되어 국도를 손에 넣었다. 대륙 교두보 상륙작전 같은 전쟁이었다. 지방 수령들은 소문만 듣고 도망쳤고, 조선 최고 장수라는 사람은 천험의 요새인 문경새재를 버리고 충주 탄금대에 진을 쳤다가 제대로 싸워보지도 못하고 벼랑에 떨어져 죽었다. 신립(申砬 1546~1592) 장군은 최고 사령관 교지를 받고 전장으로 떠날 때, 군사가 없어 사흘을 모집하다가 뜻을 이루지 못하고 홀로 떠났다. 조선이라는 나라의 실상을 웅변하는 사실(史實)이다.

왜적 침입 보고가 한양에 당도하는 데 나흘이 걸렸다. 긴급 보고 체제인 봉수 체계와 역참 제도가 다 고장 난 탓이었다. 상주에 진을 쳤던 명장 이일(李鎰 1553~1601)은 적이 십리 밖에 온 사실도 모르고 있다가 "적이 가까이 왔다"고 알린 백성의 목부터 쳤다. 다음 날 적이 나타나자 그는 혼자 줄행랑을 놓았다. 임금은 적이 아직 멀리 있는데도 궁궐을 버리고 달아나면서, 중국에 내부(內附·복속)할 궁리만 하였다. 전쟁이 터지기 10년 전, 일 년 치 양곡과 재정 비축이 없는 점을 들어 "진실로 나라가 아니다"고 상소한 율곡 이이(李珥 1536~1584)의 한탄처럼, 조선은 나라라고 할 수 없는 나라였다.

이순신을 죽이려고 임금과 조정 중신들이 눈에 핏발을 세운 사이, 원균이 수군 총수 자리에 앉았다. 그가 첫 전투에서 조선 수군을 통째 수장시켜 나라를 풍전등화에 내놓은 정유재란의 끝을 이순신이 통쾌하게 설욕하였다. 노량해전 승첩이 있어 지금 옛일을 돌아보는 일이 부끄럽지 않다. 육전과 해전을 망라한 7년 전란 중 그렇게 통쾌하게 적을 토멸한 일이 없었기에 더욱 그러하다.

"왜적의 배 100여 척을 포획하고 200여 척을 불살랐으며, 500여

급을 참수하였고 180여 명을 생포하였다. 물에 빠져 죽은 자는 아직 떠오르지 않아 그 수를 알 수 없다." 노량전투 엿새 만인 1598년 11월 25일 자 〈선조실록〉에는 전과가 이렇게 기록되었다.

뒷날의 집계로는 적 병력 1만 5,000명 이상을 수장시킨 것으로 되어 있다. 일본 측도 〈정한록〉, 〈일향기(日向記)〉 같은 기록을 인용한 〈일본전사〉에 "일본 배가 더 많이 불타고 파손되었다", "시마즈(島津義弘) 가문의 함대 피해가 매우 컸다"는 식으로 패전을 전하고 있다.

노량해전 승첩 현장인 노량 바다에 그날의 흔적이 없다. 이순신

▼ 남해 관음포 이순신 순국공원

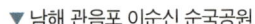

이 구국의 충혼을 불사른 관음포 바다는 거듭된 간척사업으로 내해가 훨씬 좁아졌다. 후세에 건립된 이락사(李落祠) 아래 2017년 봄에 준공된 '이순신 순국공원'의 시설물은 너무 현대적이고 크기만 해 옛일을 더듬고 추념하기에는 적당하지 않았다. 100억 원이 넘게 들었다는 기념관에는 갖가지 모조품류와, 책에 다 나오는 상황도 설명문만 가득하여 애써 찾는 이의 발품에 값하지 못한다. 오히려 진짜 유적인 이락사가 가려진 느낌이었다. 남해대교 아래 숨어 있는 충렬사(忠烈祠)와 경내 초빈(草殯) 자리에 만들어 놓은 장군의 가묘(假墓)만이 옛일을 증언하고 있다.

1970년대 연육교의 효시였던 남해대교 아래 연안을 둘러보면서,

노량 바다의 오묘한 지리를 터득한 것은 현장을 찾아본 보람이었다. 남해대교 폭은 400m 정도다. 경상도 수역에서 전라도 바다로 들어서는 물목인 하동군 금남면 노량리와 남해섬 북단의 거리가 그것이다. 명량해협보다 조금 넓은 정도다.

그 물목을 지켜 섰다가 고니시 유키나가를 구원하러 출동한 왜함대 500척을 관음포 바다로 몰아넣고, 독안의 쥐 잡듯 한 전투가 노량해전이었다. 조명 연합수군의 협공을 견디다 못한 왜군은 남해섬 뭍으로 상륙해 산을 넘어 도망쳐 달아났다. 그 틈을 타 유키나가는 남해섬 남쪽으로 멀찌감치 돌아 구사일생으로 살아났다.

노량해전을 앞두고 이순신은 명나라 수군 도독 진린(陳璘 1543~1607)과 크게 다투었다. 순천왜성을 탈출하려는 유키나가의 뇌물 작전에 넘어가 포위망을 풀어주려 한 것이다. 왜성 코앞인 광양만을 봉쇄하고 있던 그는 노량해전 3일을 앞둔 11월 16일 "남해섬의 적을 먼저 쳐야 하겠다"면서 떠나려고 하였다. 곱게 성을 비워 주겠다는 감언이설에 혹한 것이다.

"남해의 적이란 왜적에게 포로로 잡힌 우리 백성들이오."

"왜적에 붙었으니 적이 아니면 무엇이오?"

"귀국 황제께서는 작은 나라 백성을 구하라 하셨다는데, 약한 그들을 죽이는 것은 황제의 뜻이 아닐 것이오."

"우리 황제께서 누구라도 명을 어기거든 징치하라고 내게 긴 칼을 주셨소."

"한 번 죽는 것은 두렵지 않지만 우리 백성을 죽이도록 두고 볼 수는 없소."

칼을 꺼내 들고 위압적으로 나오는 진 도독에게 이순신이 의연한 자세를 굽히지 않은 이야기는 유명하다. 11월 18일 왜의 대선단이 노량으로 몰려온다는 탐망군의 보고를 전하자 진 도독도 따라 나서지 않을 수 없었다.

조명 연합수군 합동작전은 이렇게 시작되었다. 이순신 조카 이분(李芬 1566~1619)의 〈이충무공 행록〉에 따르면, 그날 밤늦게 광양만을 떠나기 전 이순신은 배 위에서 손을 씻고 무릎을 꿇고 하늘에 빌었다. "만일 이 원수들을 없앨 수 있다면 죽어도 여한이 없겠습니다(此讐若除 死則無憾)." 그리고는 모든 병정에게 하무를 물리고 조용히 진군했다. '하무'란 군사들이 떠들지 못하도록 입에 물리던 나무 재갈이다.

임진년 이래 처음이자 마지막이었던 조명 연합수군작전의 규모는 전선 250여 척에 병력은 2만 1,000명(조선군 8,000명, 명군 1만 3,000명)이었다. 진 도독이 기함, 좌선봉은 명군 제독 등자룡(鄧子龍), 우선봉은 이순신이었다. 18일 늦은 밤에 광양만을 떠난 연합함대는 19일 이른 새벽 노량해협에 이르렀다.

"해협을 가득 메운 왜선들의 불빛이 긴 뱀처럼 줄지어 있었다." 행록에 묘사된 이 문장이 왜적의 규모를 말해준다. 사천 선진리 왜성에 주둔했던 시마즈 요시히로 군뿐만이 아니라, 멀리 울산에 있던 가토 기요마사의 원군까지 합세한 500척 대함대였다.

연합함대가 캄캄한 노량 바다를 저어 오는 왜적의 앞길을 가로막자마자 전투가 시작되었다. 행록에는 "밤 10시쯤 조·명군이 함께 출발하여 새벽 2시쯤 노량에 도착, 적선 500여 척을 만나 아침이 되도록 크게 싸웠다"고 적혀 있다. 불화살이 날고, 각종 총통이 포효하고, 불붙은 장작더미가 왜선으로 던져졌다. 이순신의 기도처럼 단 한 척의 적선도 살아 돌아가지 못하게 하려는 조선 수군의 분전이었다.

앞길이 막힌 왜적은 남해섬 남쪽으로 진로를 틀어 활로를 찾으려는 모양이었다. 진 도독 함대가 추격하자 관음포로 달아나던 시마즈 요시히로 함대는 앞길이 막힌 것을 알고 되돌아서 결사적으로 저항했다. 연안에 닿은 배에서는 적병들이 뛰어내려 산으로 달아났다. 아직 닿지 않은 배들은 독안에 든 쥐처럼 사납게 반격해 왔다. 진린 함대를 뒤따라온 왜선들에게 기함이 협공을 당하게 되자, 너른 바다에서 왜적을 무찌르던 이순신이 급히 달려갔다.

"진린 도독을 구하라!" 이순신은 앞장서서 진 도독 기함으로 달려갔다. 날이 완전히 밝은 오전 7시 무렵이었다. 바다 위에는 부서지고 불타는 적선이 뒤엉키고, 바닷물은 핏빛으로 물들어 있었다. 이순신 함대가 도독의 판옥선을 공격하는 왜선들에게 총통과 불화살을 퍼붓는 사이 왜선들이 겹겹이 몰려들었다. 삼도수군통제사 깃발을 보고 이순신을 노린 것이었다.

적선의 접근에도 아랑곳없이 한 손에 활을 들고 또 한 손으로 북을 울리며 독전하던 이순신이 한순간 가슴에 총탄을 맞고 쓰러졌다. 부장 송희립(宋希立)이 총을 맞았다는 보고에 그쪽을 돌아보다가 그렇게 되었다는 후일담이 전해져 온다. 향년 54세였다.

옆에서 돕던 아들 회(薈 1567~1625)와 조카 완(莞 1579~1627)이 달려들어 부축하려 할 때 이순신이 남긴 마지막 말은 성인의 그것과 다를 바 없다. "싸움이 한창 급하니 내가 죽었다는 말을 입밖에 내지 말라(戰方急慎勿言我死)." 고통과 회한을 삭이면서 끝까지 걱정한 것은 싸움의 결말이었다. 얼마나 많은 적선을 당파하고 분멸할 것인가, 그리하여 얼마나 많은 왜적을 나의 바다에 수장시킬 수 있을 것인가!

오직 그것만이 성웅(聖雄) 이순신의 관심사였다. 단재 신채호, 춘원 이광수, 노산 이은상 같은 선각자들은 우리 역사에서 특정 인물에게 성(聖) 자를 붙일 수 있는 사람은 세종대왕과 이순신뿐이라고 말하였다. 일신의 안위를 돌보지 않고 나라 걱정만 했다는 점에서 이 말에 토를 달 사람은 없을 것이다.

영웅의 죽음을 숨긴 채 회와 완이 장군처럼 독전기를 휘두르고 북을 울려 사기를 진작시킨 결과는 찬란하였다. 임진년 이래 7년 동안 뭍에서건 바다에서건 이보다 큰 전과를 올린 일은 없었다. 격전 중에 구사일생으로 살아남은 요시히로는 남은 함선을 이끌고 남해를 돌아 부산으로 달아났다.

"통제공 수고 많았소. 어서 나오시오." 싸움이 끝나고 이순신 기함을 찾아온 진 도독은 승리의 기쁨을 함께 나누고 싶었다.

"숙부님은 돌아가셨습니다."

조카 완의 말에 도독은 배 위에서 세 번이나 넘어졌다 한다. "공은 죽어서도 나를 구하셨구려!" 그는 가슴을 치며 통곡을 그치지 않았다. 그 소리 탓에 성웅의 별이 관음포 바다에 떨어진 것을 조명 양군이 알게 되었다. 수백 척 전선에서 터져 나오는 울음이 파도소리를 덮었다.

장군의 시신은 관음포 이락사 자리에 잠시 안치되었다가 노량 충렬사 자리로 옮겨져 초빈되었다. 며칠 후에는 고금도 통제영으로 모셔졌다. 전남 완도군 고금면 덕동리 해안 옛 통제영 터에는 장군의 유해가 안치되었던 월송대(月松臺)가 보존되어 있다.

고금도는 쉽게 가 볼 수 없는 섬이었다. 그러나 이제는 육속이 되어 쉽게 찾을 수 있다. 강진군 마량항에서 고금도 북단으로 가로질러진 마량대교를 건너 10여 분 달리다 왼편으로 접어들면 이내 덕동리 해변이다. 잔잔한 바다가 섬 내륙으로 깊숙이 파고들어온 만(灣) 안쪽 아늑한 포구 연안이 마지막 통제영 자리다.

사적 114호로 지정된 고금도 충무사는 이순신 영정을 모신 사당이다. 바다를 바라보고 선 사당 오른편에 '관왕묘비'라는 작은 비각이 초행자의 눈길을 끌었다. 도독 진린이 관왕묘(관우사당)를 건립했는데, 뒷날 조선 조정이 충무사를 짓고 관왕묘는 묘비(廟碑)만 남겨두었다. 이곳이 명 수군군영이었음을 증언하는 유적이다.

고금도는 섬이라지만 땅이 넓고 기름져 반농반어의 생업에 종사하는 정착민과 피란민이 3만 호나 되었다. 한산도 시대보다 수군 재건에 좋은 조건이었다. 고금도 통제영을 굽어보는 덕동리 야트막한 언덕 위 솔밭(월송대)에 모셔졌던 성웅의 유해는 83일 만에 고향인 아산으로 모셔져 지금 아산시 음봉면 어라산 기슭에서 영면하고 있다.

고금도 통제영은 명량대첩 이후 적당한 진지를 찾던 이순신이 목포 앞바다 고하도(高下島)에서 정유년 겨울을 나고 옮겨온 마지막 진지였다. 이곳에서 장군은 전함을 건조하고 장정을 모집해 수군재건에 힘쓰는 한편, 농지를 개간하고 군염(軍鹽) 제조 사업으로 전력을 크게 회복시켰다. 자신을 믿고 따르는 주민들의 협력이 큰 힘이 되었다.

정부지원 한 푼 없이 그렇게 힘을 기른 것이 진 도독의 마음을 산 밑천이 되었다. 1598년 7월 16일 진린이 수군 5,000명을 거느리고 고금도 이순신 통제영에 당도하였다. 이순신은 술과 안주를 성대하게 차려 배에 싣고 군대의 위의를 갖추어 군악을 울리며 멀리 나가 맞아들였다. 칠천도 패전 이후 중국 동해안 지방이 왜의 위협에 노출되자 명은 부랴부랴 조선에 수군을 파병했던 것이다.

통제영으로 맞아들여서도 성대한 환영연을 베풀었다. 여러 장수들은 잔뜩 취해 "이순신은 과연 훌륭한 장수로다" 하며 좋아했다. 사납고 오만하기로 소문난 진린도 융숭한 대접에 흡족해 하였다. 그러나 다음날부터 뜻밖의 변이 일어났다. 명나라 수군의 약탈과 부녀자 희롱으로 동네마다 통곡과 탄식성이 터졌다.

보다 못한 이순신은 어느 날 크고 작은 막사를 헐고 옷과 이부자리를 배에 옮겨 실었다. 도독이 그 모습을 보고 달려와 까닭을 물었다. "귀국 군사들 행패를 견딜 수 없어 백성들과 함께 다른 곳으로 옮겨가려 합니다." 도독은 사태의 심각성을 깨달은 모양이었다. 즉시 이순신에게 명나라 수군의 탈법행위 단속권이 허락되었다. 그 후로 명군의 행패가 사라졌다.

이순신은 크고 작은 전과까지 진 도독에게 양보해 체면을 살리게 해 주었다. 그 인품에 감격한 도독은 이순신을 제갈량에 비유하며 명나라에 가 벼슬을 하도록 권유하기까지 했다. 명나라 조정과 선조 임금에게 올린 서장에서 그는 이순신을 "경천위지(經天緯地)의 재(才)가 있으며, 보천욕일(補天浴日)의 공(功)이 있는 인물"이라고 극찬하였다. 천지를 주무른 재주요, 하늘을 찢고 해를 씻긴 공이라는 평가는 진정 감화를 받지 않고는 인사치레로 쓸 수 없는 말이다.

그 서장에 감복한 명나라 신종은 도독인, 참도, 독전기 등 여덟 가지 물건(八賜品)을 보내 이순신의 죽음을 애도했다. 그 전에 이순신을 살리기 위해 면사첩(免死帖)을 보낸 것도 그였다. 한양의 명군 총사령부에서는 영내에 빈소를 설치하고 성웅의 전몰을 애도하였다.

그러나 우리 임금은 그 반대였다. 예조에서 그 사실을 전하며 어떻게 해야 할지 하회를 구해도 선조는 대답이 없었다. 재차 하회를 요구하자 마지못해 "알아서 하라" 하였다. 뒷날 논공행상 때도 그랬다. 선조는 굳이 원균을 이순신과 같은 정왜 일등공신에 올리라 하였다. 조정에서 부당하다는 여론이 일었지만 뜻을 굽히지 않았다. 너무 훌륭해 두렵고 질투 나는 이순신의 죽음을 반기지 않고서야 그럴 수가 있겠는가. 조선 500년 역사에서 이순신을 가장 위대한 영웅으로 만들었으나 스스로는 가장 용렬한 임금이기를 자청한 일이었다.

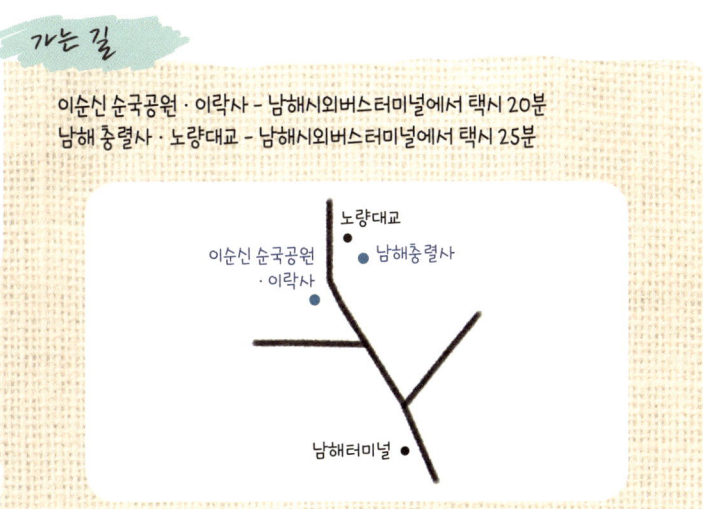

가는 길

이순신 순국공원 · 이락사 - 남해시외버스터미널에서 택시 20분
남해 충렬사 · 노량대교 - 남해시외버스터미널에서 택시 25분

노량대교
이순신 순국공원 · 이락사
남해충렬사
남해터미널

9.

거북선의 고향,
여수

거북선 없는 이순신, 이순신 없는 거북선, 거북선과 이순신 없는 임진왜란. 이 세 가지 가정 가운데 어느 것 하나도 성립될 수는 없다. 이순신이 없었으면 거북선이 존재하지 않았을 것이다. 거북선이 없었으면 이순신이 빛나기 어려웠던 것처럼.

거북선이 이순신의 창제냐 모방이냐, 이런 논란은 아무래도 좋다. 중요한 것은 이순신이 거북선을 만들어 남해 바다의 제해권을 틀어쥐었다는 사실이다. 조선 수군이 왜 수군을 만나는 대로 때려 부수어, 육지 병참선을 차단해 주었기 때문에 조선은 망국의 위기를 극복할 수 있었다.

또 한 가지는, 큰 그릇을 알아보고 발탁한 서애 유성룡의 혜안이었다. 아무리 훌륭한 장수라도 그때 그 격전지에 있지 않았다면 무슨 쓰임새가 있었겠는가. 서애는 이순신을 발탁하기 위하여 온갖 지략을 다 썼다. 종6품 정읍(井邑)현감을 정3품 전라좌수사로 등용해 남해 바다를 맡기지 않았다면 어떻게 되었을까?

전라좌수사는 지금으로 치면 전라도 해역을 책임지는 해군 함대 사령관이다. 해역이 넓은 경상도와 전라도에는 각각 좌우 수사를 두었다. 충청·경기에는 한 사람에게 책임을 맡겼다. 남해는 그만큼 중요한 바다였다.

지금도 낙하산 인사로 자주 물의가 일어나지만, 생각보다 합리적인 사회였던 조선시대에 일곱 계단을 한꺼번에 뛰어오르는 인사란 꿈도 꿀 수 없는 일이었다. 위관장교가 일거에 별 둘의 장군이 되는 벼락출세를 상상이나 할 수 있겠는가. 우의정 겸 이조판서 유성룡의 이순신 발탁인사 안이 올라가자 조정은 벌집을 쑤신 듯 시끄러웠다. 물리치라는 상소가 빗발쳤지만 임금의 신임이 깊었던 유성룡이 있어 인사는 성사되었다. 육군에서 뼈가 굵은 장수를 해군 제독에 발탁한 것도 신묘한 인사였다.

이순신이 여수 좌수영에 부임한 것은 임진왜란 발발 14개월 전인 1591년 2월이었다. 다른 수군장수들이 무사안일로 날밤을 보낼 때 그는 왜적과 싸워 이길 궁리에 골몰했다. 좌수영 관할지역인 오관(순천·보성·광양·흥양·낙안)과 오포(방답·여도·사도·녹도·발포)

를 순회하면서 전쟁 대비태세를 점검하고, 전선 건조와 수리를 서둘렀다. 서류상의 명단뿐인 수군 병력을 실 전력으로 만들고, 전술 개발과 군기확립을 위한 훈련을 서둘렀다.

그 가운데 거북선을 건조한 일은 관우가 적토마를 얻은 것에 비유될 일이었다. 거북선이 왜군에게 얼마나 무서운 배였던지 증명하는 기록들이 이를 뒷받침한다.

"…이윽고 적선(거북선)은 어립선(御立船)을 향하여 쳐들어와 활을 마구 쏘아 우군을 죽였으며, 웅수(熊手)로 우리 배를 끌어당기고 연초호(煙礁壺)를 발사하여 우리 배를 불태웠다. 이리하여 적에게 배를 빼앗긴 자도 있었으며 바다에 뛰어든 자도 있었다. 적이 이런 사람들을 창으로 찌르고 긴 칼로 쳐 죽이고 활을 쏘아 우군 전사자가 50여 명에 이르렀다."

〈고려군각서(高麗軍覺書)〉라는 일본 문헌에 전해져 오는 사천해전 상황이다. 어립선이란 사쓰마(薩摩·가고시마) 영주 시마즈 요시히로(島津義弘)의 기함을 말하며, 웅수란 자루가 긴 낫, 연초호란 폭탄 비격진천뢰를 뜻하는 것으로 해석된다. 기함의 피해가 이런 상황이었으면 다른 배의 사정은 볼 것도 없는 일이다. 거북선은 적진에 돌진해 부딪혀 깨트리는 돌격 전함이었다. 조총 위주의 단병접전을 주 전술로 삼는 왜 수군으로서는 어떻게 해볼 방법이 없었다.

좌우 양현에 열둘, 이물(선수)에 둘, 고물(선미)에 하나씩 화포구(火砲口)를 두어 포나 활을 쏠 때만 창을 열고, 볼일이 끝나면 닫아

버렸다. 적선들은 사격목표를 찾을 수 없는 적선의 조총은 무용지물이 되었다. 두껍고 단단한 선재를 사용해 웬만한 포화에도 끄떡없었다. 〈정한위략〉에는 "적의 배 가운데 전체를 철판으로 싼 것이 있는데, 우리 대포가 그 배를 부술 수가 없었다"는 말이 나온다. '무서운 용머리와 좌우 양현에서 불을 뿜고, 지붕이 쇠송곳으로 된 철갑선'이라고 표현되었을 만큼 거북선은 그들에게 공포의 대상이었다.

처음 거북선을 출동시켜 시마즈 군을 깨트린 사천해전 후 임금에게 보고한 장계 〈당포파왜병장(唐浦破倭兵狀)〉에서 이순신은 거북선의 성능을 이렇게 자랑했다. "신은 섬 오랑캐 왜놈들이 쳐들어올 것을 염려하여 거북선을 만들었습니다. 앞에는 용머리를 달고, 그 아가리로 대포를 쏘았습니다. 등판에는 쇠못을 박았습니다. 안에서는 밖을 내다볼 수 있어도 밖에서는 안을 들여다 볼 수 없습니다. 비록 왜적선이 수백 척이라 할지라도 그 가운데로 쳐들어가 포를 쏠 수 있습니다. 이번에는 돌격장이 타고 나왔는데 먼저 거북선으로 하여금 전선 가운데로 돌진시켜 천(天) 지(地) 현(玄) 황자(黃字) 등 여러 총통을 쏘았습니다."

수백 척의 적진 한가운데로 돌진해 대오를 흩트리며 좌충우돌 적선을 깨트리고 불 지르는 모습은 상상만 해도 통쾌하다. 〈이충무공전서〉에 수록된 그림을 보면 거북선은 용머리가 두 개나 달린 기괴한 모습을 하고 있다. 위의 것은 화포구로 쓰였고, 아래 것은 적선을 당파(撞破·쳐서 깨트림)하는 데 쓰였다. 크고 단단한 용머리로 적선을 들이받아 옆구리에 구멍을 내는 용도였다.

이순신은 마치 전쟁이 터질 날을 알고 준비한 사람 같았다. 때맞추어 거북선을 건조하고 포격실험을 마친 것이 왜적 침입 하루 전날이었다. <난중일기>에는 거북선 건조 이야기가 몇 번 나오는데, 임진년 2월 8일 "거북선에 쓸 돛베 29필을 받았다"는 게 처음이었다.

4월 11일 자 일기에는 "순찰사의 편지와 별도의 목록을 순찰사 군관 남한이 가져왔다. 이날 비로소 돛베를 만들었다"고 썼다. 거북선 제작에 상부의 지원이 일부 있었음을 짐작하게 하는 단서다. 3월 27일 자에는 "거북선에서 대포 쏘는 것을 시험했다"고 되어 있고, 4월 12일에는 "거북선에서 지자 현자포 쏘는 것을 순찰사 군관이 살펴보고 갔다"고 하였다. 상급관서 인사의 임석으로 보아 공식 사격훈련으로 볼 수 있다.

거북선 제작 총책은 조선기술이 뛰어난 군관 나대용(羅大用 1556~1612)이었다. 좌수사로 부임하자마자 전선(戰船)부터 살펴본 이순신은 크게 낙담하였다. 장부에는 분명 30여 척의 전선이 있는 것으로 적혀 있었지만, 실전에 쓸 수 있는 것은 5척을 넘지 않았다. 180년 전 태종 때 있었다는 귀선(龜船)을 만들기로 작심한 계기일 것이다.

그때부터 이순신은 전선건조에 심신의 에너지를 쏟아 붓는다.

좌수영 산하에는 선소(船所)가 셋 있었다. 좌수영 본영 선소, 순천부 선소, 방답진 선소. 이 세 곳에서 각각 한 척씩 거북선을 만들기로 하고, 그 책임을 나 군관에게 맡긴 것이다. 물론 판옥선도 같이 만들었다. 임진년 5월 경상우수사 원균의 요청을 받고 24척을 거느리고 출전할 수 있었다.

거북선은 목질이 단단하고 두꺼운 목재를 사용해 돌격선 임무를 충실히 수행하였다. 거북선의 바닥재는 소나무·비자나무·굴피나무·졸참나무·느티나무 등 목질이 단단한 목재였다. 충격에 강한 설계와 나무못을 쓴 것도 배를 한층 견고하게 하였다.

전문가들의 연구에 따르면 목재의 두께에도 큰 차이가 있었다.

▲ 여수 이순신 광장의 거북선 모형

우리 판옥선 두께는 4치(寸)였다. 왜선 아다케부네(安宅船·3치)보다 한 치가 두꺼웠다. 골조를 요철(凹凸)로 짜 맞춘 목공 기술도 한몫 하였다. 배 바닥이 회전에 용이한 평저선이어서 첨저선인 왜선에 비해 속도는 다소 느려도 방향회전이 빨랐다. 왜선들은 속도가 빠른 대신 배를 돌리려면 회전반경이 커 행동이 둔했다. 돛의 성능도 달랐다. 외돛배인 왜선은 순풍에만 쓸 수 있었지만, 거북선과 판옥선은 쌍돛배여서 역풍에도 사용할 수 있었다.

일본 문헌 〈화국지(和國志)〉는 "조선 사람의 해전은 육전과는 크게 다르다. 또 배가 크고 빠를 뿐 아니라 누각과 뱃전까지도 튼튼하고 두꺼워 우리 배가 부딪치면 모두 부서진다"고 기록했다. 〈고려선 전기〉는 "조선 수군의 배가 쇠로 포장되어 포로도 파괴할 수 없었다"고 하였다.

그들이 무서워한 또 다른 무기는 조선의 화포였다. 특히 구경이 13cm나 되는 천자총통이 발사하는 대장군전, 대완구가 쏟아내는 비격진천뢰의 살상력은 엄청났다. 직경이 30cm 가까운 비격진천뢰는 철구 안에 화약과 쇠 파편이 들어 있어서, 왜선 갑판에 떨어져 폭발하면 수많은 적병이 죽어나갔다. 조선 판옥선과 거북선은 그런 총통과 천뢰를 사방에서 발사해 적선이 접근할 엄두를 내지 못하였다.

지금 남아있는 선소 유적은 순천부 선소와 방답진 선소뿐이다.

본영 선소는 좌수영 본영이었던 진남관(鎭南館) 바로 아래 있었는데, 지금은 매립되어 '이순신 광장'이 되었다. 순천부 선소는 여수시청에서 남쪽으로 한 블록 거리의 해안, 가막 만(灣)이 북쪽으로 깊숙이 파고든 바다 안쪽에 자리 잡고 있다. 당시는 여수가 순천부 관할이어서 그렇게 불렸는데, 고려 때부터 배를 만들고 수리하던 곳이어서 지금도 '선소마을'로 통한다. 방답진 선소는 돌산도 군내리 방답진 터에 아직 유허가 있다.

선소마을은 참으로 오묘한 지리를 가진 곳이었다. 이른 아침 숙소를 나와 택시를 타고 10여 분 달렸을 뿐인데 "다 왔소" 하였다. 설마 바다도 없는 곳에 선소가 있으랴 했더니, 바로 길 건너 숲속에 선소 유적이 숨어 있었다. 거기서 보이는 바다는 마치 호수 같았다.

사람이 다리를 벌리고 선 형상의 여수반도 한가운데, 국소에 해당하는 입지가 참으로 절묘하였다. 남쪽으로 돌산도·백야도·개도 같은 섬들이 점점이 떠 있어 가막 만 전체가 호수 같은 바다였다. 국소에서 또 하나의 작은 반도(망미산 돌출부)가 뻗어나가 선소 바다를 완전히 가려 준다. 바다에서 보면 뭍이고, 뭍에서 보면 호수 같은 바다를 끼고 있다.

해발 100m도 채 안 되는 망미산은 이순신이 기마병을 훈련시키던 곳이다. 장군은 산 정상에 동백 말채를 꽂아두고 "이 말채가 살아나면 내 영혼도 살고, 죽으면 내 영혼도 죽은 것이다" 했다는데,

지금도 살아있으니 민족의 태양이 된 까닭을 알겠다.

선소마을 방문자를 처음 맞아준 것은 거북선을 만들던 굴강(掘江)이었다. 오목한 항아리 안처럼, 둘레에 석축을 쌓고 입구만 열어놓은 장난감 같은 항구 수면이 아침 해에 반짝이고 있었다. 큰 강당 넓이의 수면으로 보아 거북선과 판옥선을 동시에 건조할 수 있는 규모로 짐작되었다.

굴강 왼편으로는 근래에 복원한 대장간, 그 옆으로 세검정과 군기고가 자리하고 있었다. 대장간은 선재를 자르고 깎고 다듬는 연장을 만들던 곳이고, 세검정은 선소 지휘부, 군기고는 무기창고로 쓰였다 한다. 특이한 것은 세검정과 군기고의 기둥과 서까래 마루 문짝 등이 모두 검정색이라는 사실이다. 선소 위치가 쉽게 눈에 뜨이지 않게 하려는 의도 같았다.

세검정 앞 해변에는 계선주라는 돌기둥 하나가 외로이 서 있다. 배를 매던 용도라고도 하고, 벅수(장승) 역할까지 겸하던 것이라고도 한다. 돌 벅수는 선소마을 입구 도로변과 마을 안길에도 여러 기가 서 있다. 모두 무서운 얼굴을 하고 있는 것으로 보아 외적과 잡귀의 근접을 퇴치하려는 민간신앙과도 무관하지 않다.

여수는 이순신과 떼려야 뗄 수 없는 곳이다. 출셋길에 들어 국난의 전쟁을 맞은 곳이고, 가장 오래 머문 곳이었다. 소문난 효자였던 그가 어머니까지 모시고 와 가까이서 자식의 도리를 다 하려고 애쓴 곳이기도 하다. 여수 거리 곳곳에 그의 자취가 남아 있다. 여수 버스터미널에서 진남관이 있는 도심부로 이어지는 간선도로 이름이 '좌수영로'다.

국보 304호인 진남관(鎭南館)을 지나칠 수는 없다. 성종 시대 수군절도영을 둔 이래, 고종 대에 이르기까지 400년 넘게 여수는 남해 방비의 중심지였다. 그 본영인 진남관은 정유재란 이듬해인 1599년에 지어진 좌수영 객사 건물로, 현존 관아 건물로는 가장 크다. 이순신 시대에는 그 아래 망해루가 좌수영 본영이었다.

진남관 길 건너에는 고소대(姑蘇臺)가 있다. 바다를 굽어보는 언덕은 좌수사의 장대로도 쓰였다는데, 지금 유명한 타루비(墮淚碑)와 좌수영대첩비가 있는 곳이다. 보물 1288호 타루비는 글자 그대

▲ 여수선소 계선주

로 눈물을 흘리는 비석이라는 뜻이다. 좌수영 수졸들이 장군의 붉은 마음을 잊지 말자고 돈을 모아 세운 비석이다.

그 뜻이 비문에 선명하다. "영하(營下) 수졸들이 통제사 이순신 공을 위하여 짧은 비석 하나를 세우고 타루(墮淚)라 이름 하나니." 졸병들이 사령관의 충절을 기려 불망비를 세운 일이 우리 역사에 있었던가!

타루비 옆에는 유명한 좌수영대첩비가 서 있다. 전후 17년 되던 광해군 시대에 세워진 이 비석은 보물 571호로 지정되어 있는데, 우리나라에서 가장 크기로 이름났다. 높이 3.6m에 폭이 1.3m다. 비문은 이항복(李恒福 1556~1618)이 짓고 명필 김현성의 글씨로 되어 더욱 돋보인 이 비석과 타루비는 명량대첩비와 함께 1942년 철거되어 행방을 모르다가, 광복 후 경복궁 근정전 앞뜰에 파묻힌 것이 발견되어 제자리로 돌아왔다.

진남관 뒷산은 종고산(鍾鼓山)이다. 여러 전설을 품은 여수 진산인데, 높이는 200m 정도지만 이순신과 관련된 전설로 유명하다. 무음산이란 별명을 가졌던 이 산이 난리 때 3일간 울었다고 한다. 이순신의 한산대첩을 알린 낭보였다는 설도 있고, 노량해전에서 순국한 비보를 전한 곡성이었다고도 한다.

진남관에서 200여m 바다 쪽으로 내려서면 바로 이순신 광장이다. 한 손에 칼, 한 손에 북채를 든 거대한 동상에 '민족의 태양'이라는 후세인의 헌사가 또렷하다. 로터리 건너 바다에 면한 실물대 거북선 모형은 방문자들의 촬영 욕구를 자극한다.

광장을 돌아 다시 북쪽으로 방향을 틀면 이내 우리나라 최초의 이순신 사당으로 유명한 충민사(忠愍祠) 입구다. 1601년 이항복이 선조에게 품신해 통제사 이시언(李時言)이 세운 최초의 이순신 사당이다. 그의 부장 이억기(李億祺), 안홍국(安弘國)까지 함께 모셔져 있다. 장군이 가장 신뢰했던 이억기는 장군이 영어의 몸이 된 사이 칠천량 해전에서 순국했다. 선조 어가를 호종해 의주까지 갔던 안홍국 역시 안골포 해전에서 산화한 충신이다.

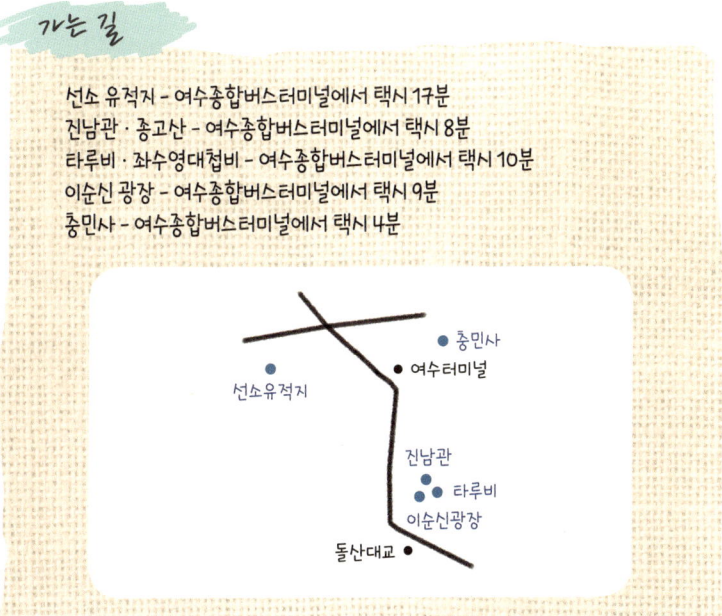

가는 길

선소 유적지 - 여수종합버스터미널에서 택시 17분
진남관·종고산 - 여수종합버스터미널에서 택시 8분
타루비·좌수영대첩비 - 여수종합버스터미널에서 택시 10분
이순신 광장 - 여수종합버스터미널에서 택시 9분
충민사 - 여수종합버스터미널에서 택시 4분

● 충민사
● 여수터미널
선소유적지
진남관
● 타루비
● 이순신광장
돌산대교

125

10.

조선 수군의 수도,
통영 한산도

 통영 한산도는 이순신이 창건한 조선 수군의 수도였다. 조선개국 이래 버려져 있던 섬이 '이순신 수국(水國)'의 도읍지가 되어 국방과 경제·산업의 심장 역할을 하였다. 그가 삼도수군통제사로 있었던 3년 8개월 동안 국가경제의 중심지였고, 피란민을 구제한 사실상의 수도이기도 하였다.

 싸우면 이기는 막강 조선 수군의 병권을 쥐고 독자적인 행정 사법제도에, 과거(무과)까지 시행하여 민중의 신망이 높아진 이순신은 차차 왕의 의심을 사기에 이른다. '한산수국'이 너무 강대해지자 위협을 느낀 선조는 끝내 그에게 죄를 씌워 죽이려 하였다. 그 사이 통제사 자리를 꿰찬 원균이 첫 전투에서 궤멸 당하여 한산도는 다시 이름처럼 한산한 섬이 되고 말았다.

이순신이 한산도에 수영을 차린 것은 전라좌수사 시절인 1593년 7월 16일의 일이다. 왜적이 들끓는 경상도 수역에 자주 지원출동을 나가게 되자, 여수에서 힘들게 노 저어 가 싸우고, 되돌아가기가 버거웠다. 7월 8일 한산대첩 때 이 섬의 가치를 눈여겨보았던 이순신은 조정에 이진(移陣)을 품신하고 허락이 떨어지자 신속하게 진을 옮겼다.

이진의 필요성은 왕래의 불편함만이 아니었다. 남의 관할에서 싸우는 객장(客將)의 위치가 불편했을 것이다. 전투의 주장(主將)은 번번이 경상우수사 원균이었다.

그해 5월 이순신은 "적의 퇴로를 차단하고 적을 섬멸하라"는 어명을 받았다. 즉시 여수를 떠나 걸망포(통영), 칠천량(거제), 세포(거제), 역포(고성) 등을 돌며 잠시 머물 진지를 찾았다. 그러나 배를 감추고 기동이 편리한 포구를 찾지 못해 한산해전 때 보아 두었던 섬으로 옮겨갔다. 한산도 둘포(豆乙浦), 지금의 두억리다.

한산도는 바다에서 보면 밋밋한 섬이다. 그러나 가보면 배를 숨기기 알맞은 포구를 감추고 있다. 섬 한가운데 제법 높은 산(망산·293m)이 있어 남해 바다를 감제하기 안성맞춤이다. 무엇보다 견내량(見乃梁) 바다가 가까워 왜적의 동태를 파악하기에 편리한 곳이다. 통영과 거제도 사이의 좁은 물길인 견내량은 전라도 해로의 길목이다.

이순신의 편지에 한산도를 선택한 까닭이 드러나 있다. "호남은 나라의 울타리인데 만약 호남이 없다면 나라도 없을 것입니다(湖南國家之保障 若無湖南 是無國家). 그래서 어제 한산도로 옮겨서 진을 치고 바닷길을 가로막을 계획을 세웠습니다." 이진 다음날 지평 벼슬에 있던 현덕승(玄德升 1564~1627)에게 보낸 답서에 그는 이진 이유를 이렇게 밝혔다.

조정의 공도(空島)정책으로 그때까지 한산도는 무인도였다. 완만한 경사지의 너른 풀밭에서 말을 기르는 목장이 있을 뿐이었다. 이 한산하던 섬이 삽시간에 번잡한 군사도시가 되었다. 이진 1개월 만에 이순신이 삼도수군통제사가 되자 사람과 물자의 이동이 빈번해진 것이다.

이순신과 원균의 불화가 전쟁 수행의 장애요인이라고 판단한 영의정 겸 도체찰사 유성룡은 이순신의 직첩을 높여 원균을 휘하에 두도록 배려하였다. 삼도수군통제사는 이전에는 없던 직책이었다. "그대 휘하의 장수로서 명령을 따르지 않는 자는 그대가 군법대로 시행하라"는 선조의 교지에 그 뜻이 숨어 있다. 이때까지는 싸우면 이기는 이순신이 미뻤던 모양이다.

삼도수군통제사란 지금으로 치면 해군참모총장이다. 육군은 존재감이 미미했고, 오직 수군만이 왜적에게 두려움의 대상이었다. 바다를 끼고 있는 70여 개 고을이 통제사 관할 아래 들어왔으니 가히 '수국'이라 할 만하였다. 그러나 조정에서는 교서지 한 장 내려왔을 뿐이었다.

지원은커녕 조정은 일선 장수들에게 손까지 내밀었다. 조정에서 요구하는 물품을 올려 보낸다는 이순신의 장계가 여럿 전해 온다. 1592년 9월 18일 행재소에서 소용되는 종이를 넉넉히 올려 보내라는 지시를 받고 "우선 장지 10권을 보낸다"는 장계를 시작으로, 9월 25일 의연곡을 모아 한 배로 보낸다는 장계도 있다. 신하가 왕에게 종이와 쌀을 모아 보낸 것이다. 〈난중일기〉 1594년 6월 26일 자에는 "단오절 진상물을 보냈다"는 기록도 있다.

수많은 장병을 먹이고 입히고 전함과 무기·화약 등 각종 군수품을 조달할 책임은 그의 어깨에 달려 있었다. 그 문제를 해결한 것이 유명한 둔전(屯田)책이다. 그에게는 전라좌수사 때 영남에서 몰려든 피란민을 구휼할 방책으로 돌산도 둔전을 시행한 경험이 있다. 통제사가 되자 군량 해결책으로 둔전 개간을 청원한 것은 당연한 일이었다.

전라좌수사 시절 "전라좌우도 소속 1만 7,000명 군사를 먹이는데 적어도 하루 100석, 한 달에 3,400석이 필요하다"고 한 장계를 근거로 추산하면, 3도 수군의 하루 군량이 얼마나 될지 짐작할 수 있다. 이 많은 군량을 조달하기 위해 그는 연안지역과 빈 섬의 버려진 땅을 개간해 경작자들에게서 세곡을 받아들이자는 방안을 낸 것이다.

공도정책에는 어긋나지만 당장 뾰족한 방도가 없는 조정으로서는 허락하지 않을 수 없었다. 그러나 당장 둔전에서 식량이 나오는 것은 아니었다. 개간 기간과 수확이 나오기 전까지 군량을 조달하기 위해 병사들을 동원해 칡을 캐고 고기잡이를 시켰다. 칡은 대용 양식이, 물고기는 부식이 되었다. 남는 고기는 내다 팔아 곡식으로 바꾸었다.

여러 병영에서 필요한 갖가지 경비를 조달할 방책으로는 소금을 구워 팔았다. 그 시절 소금은 '백금'이라 불린 만큼 값진 재화였다. 미역, 다시마, 김 등 해조류와 조개류를 채취해 경비에 보탰다. 200여 년 공도정책 덕분에 남해 연안지역과 섬들마다 황금어장이었다.

〈난중일기〉에는 쇳물을 부어 철부(鐵釜)를 만들었다는 내용이 자주 나온다. 소금 굽는 쇠솥을 주조했다는 말이다. 남해안의 소금 제조는 바닷물을 오래 끓여서 만드는 전오(煎熬) 제염법이 주류였다. 그만큼 많은 쇠솥이 필요했을 것이다.

개간이 끝난 농지에서 쌀과 잡곡이 나오기 시작한 뒤로 사정은 좋아졌다. 그러나 200척 넘는 전선을 건조하고 총포와 화약, 창과 칼, 활과 살 등 무기와 장비를 확충하기에 돈은 턱없이 모자랐다. 그것들은 관련 산업을 일으켜 해결하였다.

특히 조선업 진흥은 지역경제에 활기를 불어넣었다. 고을마다 솜씨 좋은 목수와 대장장이들이 한산도와 각 지역 수군병영으로 떼지어 몰려들었다. 좋은 소나무와 참나무 같은 목재들이 실려 오고, 대장간마다 쇳소리와 풀무질 소리가 그칠 날이 없었다.

"군사 1,283명에게 밥을 먹여 산에서 선재용 나무를 끌어왔다."
이런 내용의 일기가 자주 보이는 것으로 보아, 전선건조 사업의 규모에 짐작이 가고도 남는다. 그렇게 만들어진 배들이 날로 늘어갔다.

"새벽에 일어나 창문을 열고 멀리 바라보니 우리의 배들이 바다에 가득 차있다. 적이 비록 쳐들어온다 해도 섬멸할 만하다." 1594년 5월 10일 자 일기에는 수많은 전선이 건조된 것을 뿌듯이 여기는 마음이 가득하다.

조총까지 제조되었다. 임진년(1592년 4월) 부산포에서 우리 병사들을 공포의 도가니 속으로 놓아넣었던 그 총을 만들어 냈다. 왜적에게서 노획한 총을 본떠 만든 것이다. 1593년 9월 14일 자 일기에는 "정철총통(正鐵銃筒)은 전쟁에서 제일 중요한 무기지만 우리나라 사람들은 만드는 법을 몰랐다. 오랜 연구 끝에 이제야 만들어냈다. 왜의 총보다 성능이 좋아서 명나라 사람들이 진중에 와서 시험사격을 해보더니 다들 잘 되었다고 칭찬하였다. 이제는 그 묘법을 알았으니 순찰사와 병사에게 견본을 보내고 공문을 돌리도록 하였다"고 썼다.

그 뒤의 일기에 "총통 두 자루를 부어 만들었다" 같은 내용이 자주 보이는 것으로 보아, 거푸집을 만들어 두고 필요할 때마다 만들어 쓰고 선물도 했던 것으로 보인다. 환도(環刀) 대검(帶劍)을 선물로 사용했다는 기록도 있다. 주물 공업의 발달상을 알 만하다.

임진왜란 직후 300년 동안 조선 수군의 수도였던 통영에 전통 공업이 발달한 이유가 바로 그것이다. 통영에는 옛날부터 12공방이 있다고 일컬어져 왔다. 나전칠기, 갓, 놋쇠, 부채, 신발, 목가구, 질그릇, 은세공 등등 격조 있는 집기와 일상생활의 소소한 일용품 제조업 발달에 한산도 시대의 몫이 컸다.

이 정도로 '수국'이라 할 수는 없다. 끈질긴 상소 끝에 한산도에서 독자적인 무과(과거) 시험을 실시한 것이 한산도를 '한산수국' 수도로 만든 결정적 사건이었다. 과거시험 출제와 관리를 군대 책임자에게 넘겨준다는 것은 비상시가 아니고는 상상도 할 수 없는 일이다.

1593년 12월 이순신은 전주에 내려와 분조(分朝)를 떠맡은 세자 광해군에게 당돌한 장계를 올린다. 수군만의 무과를 자신의 주관으로, 그것도 전주가 아닌 한산도에서 시행하게 해달라는 요청이었다.

"…12월 27일 전주부에 과거 시험장을 열도록 명령하셨다고 하니, 진중의 모든 군사들이 달려가고 싶어 합니다. 그러나 물길이 멀고 왜적과 대치해 있는 상황이라 뜻밖의 일이 일어날 수 있어 정예 용사들을 한꺼번에 내보낼 수가 없습니다. 그러니 수군에 소속된 군사들에게는 진중에서 시험을 볼 수 있게 해 주시어 그들의 소원을 풀어 주시옵고…"

 수하들을 이끌고 전주에 와서 과거를 보라는 분조의 지시를 따를 수 없으니 시험장을 한산도로 해달라는 요구였다. 분조에서는 이를 불쾌하게 여기는 세력이 있었지만, 그 명분을 외면할 수 없어 이순신의 건의는 채택되었다. 날짜는 4개월 뒤인 1593년 4월이었고, 합격자 100명도 거의 진중의 장병이었다. 시험 과목 중에서 말을 타고 달리면서 활을 쏘는 기사(騎射)는 편전(片箭)을 쏘는 시험으로 바꾸어서 시행했다. 이순신의 요구가 100% 수용된 셈이다.

 그러나 한산도의 번영과 영광도 그때까지였다. 이순신이 함거에 실려 한양으로 끌려가고 몇 달 뒤 한산도는 한순간에 잿더미로 변했다. 그의 자리를 차지한 원균이 첫 출전 부산포 해전에서 쫓겨 칠천량에서 대패한 뒤, 경상우수사 배설이 자신의 함대 12척을 이끌고 돌아와 병영을 불 지르고 자취를 감추었던 것이다.

 유성룡의 〈징비록〉에 그때 일이 이렇게 기록되어 있다. "배설은 자기 수하의 배만 이끌고 지키고 있다가 적이 공격해 오자 달아났기 때문에 그의 군사들은 화를 면할 수 있었다. 한산도에 도착한 그는 무기와 양곡, 막사 등을 모두 불태워버리고 남아있는 백성들과 함께 대피하였다." 뒤따라 한산도에 들이닥친 왜적은 그동안 이순신에게 당한 분을 풀어 보려는 듯, 닥치는 대로 파괴하고 분탕질을 쳤다. 한산도에 진을 치고 전라좌수영까지 점령해 남해를 자기네 안마당으로 만들었다.

한산도 제승당 포구에 자리 잡은 요트 선착장이 세월의 힘을 대변한다. 나라의 운명이 걸린 격전의 현장에 생겨난 레저시설이라니. 오전 10시 통영 여객선 터미널을 떠난 페리는 금요일 오후의 여가를 역사의 현장에서 즐기려는 관광객으로 만선이었다. 긴 물거품을 끌고 달리는 페리 갑판 위에서 갈매기들에게 먹이를 던져주는 아이들의 환호성이 비명처럼 높았다.

30여 분의 항해 끝에 다다른 제승당 포구는 호수처럼 잔잔하였다. 배가 들어온 쪽을 돌아보니 사방이 뭍으로 둘러싸였다. 고동산 돌출부와 한산대첩비 돌출부가 길게 뻗어 나와 내해를 방파제처럼 바다를 에워싸고, 그 너머로 미륵도와 통영반도가 겹겹이 둘러싸고 있다.

멀리서 접근해 오는 호화 요트 두 척이 제승당 포구에 들어와 접안하는 것을 보고야 그곳이 관광 요트 선착장이라는 걸 알았다. 420년 사이 이렇게 평화로운 세상이 되었음을 충무공은 아실까.

현장에 가서 본 수루(戍樓)의 위치는 참으로 절묘하였다. '섬 안의 반도'라 해야 할 내해의 곶이었다. 그 위에서 바라보면 개미 새끼 한 마리의 움직임도 포착할 수 있었겠다 싶었다. 제승당 뒤편 망산 꼭대기에서는 견내량을 감제하고 좌우 물길과 뭍으로 신호를 주고받을 수 있으니 그런 지리(地利)를 가진 곳이 또 없겠다. '한산도가'를 지었다는 이곳의 달밤이 저절로 뇌리에 떠올랐다.

수루 뒤편에 자리 잡은 제승당(制勝堂)은 본래 이름이 운주당(運

▲ 한산도 활터의 표적

籌堂)이었다. 이순신이 수하 막료들과 작전 계획을 세우고 장졸들의 의견도 듣던 곳으로, 집무실 겸 주거시설이었다. 이런 곳에 원균은 첩을 들이고 울을 둘러 수하들의 출입을 막았다. 배설이 불태워 폐허가 되었던 자리에 1739년 15대 통제사 조경(趙儆)이 건물을 복구해 제승당으로 당호를 바꾸었다.

통제영 시설 가운데 또 하나 눈길을 끄는 곳이 활터 한산정(閑山亭)이다. 바다를 끼고 145m 건너편 산비탈에 과녁 셋이 있다. 해전에 필요한 실전 거리 적응을 위해 일부러 밀물과 썰물이 교차하는 바다 낀 곳을 골랐다는데, 아마도 국내에 이런 활터는 없으리라 한다. 매일같이 활쏘기를 연마하던 이곳에서 "수하들과 내기를 해 진편에서 떡과 술을 내 배불리 먹었다"는 〈난중일기〉의 기록이 자주 보인다. 1594년의 과거시험 활쏘기 시험장으로도 이용된 역사의 현장이다.

원균의 패전 이후 통제영은 통영으로 옮겨갔다. 통영에서 제일 유명한 곳은 국보 305호 세병관(洗兵館)이다. 1604년 6대 통제사 이경준(李慶濬) 시절 두룡포(오늘의 통영)로 통제영을 옮기고, 이듬해 건물을 지었다. 두 차례 중개축을 통해 앞면 9칸, 옆면 6칸의 목조 건물이 되었다. 여수 진남관과 함께 바닥 면적이 가장 넓은 객사 건물로도 유명하다.

충렬사도 빼놓을 수 없는 통영 명소다. 1606년 7대 통제사 이운룡(李雲龍 1562~1610)이 세운 이순신 사당이다. 1663년 현종이 홍살문을 세우게 하고 충렬사란 이름을 내렸다. 명 신종이 이순신을 도독으로 임명할 때 내린 팔사품(八賜品)도 보관되어 있다. 수하 장졸과 주민들이 뜻을 모아 두룡포 해안에 초가를 짓고 해마다 기일에 제사를 올리던 착량묘(鑿梁廟)가 충렬사 모체다.

그러나 통영을 대표하는 것은 그 땅의 지명이다. 300년 동안 수군통제영이 있었던 역사에서 유래된 이름이기에 주민들의 자부심이 대단하다. 박정희 정권 시절 충무공 시호를 딴 '충무'로 불리기도 했지만, 옛 지명을 선호하는 현지 여론 때문에 다시 통영이 되었다. '통영'을 자랑스러운 이름으로 여기는 주민들의 마음을 증명한 일이었다.

가는 길

제승당·한산정 - 통영버스터미널에서 통영항여객터미널(택시 15분),
이후 여객선 20분
세병관 - 통영버스터미널에서 택시 13분
충렬사 - 통영버스터미널에서 택시 13분

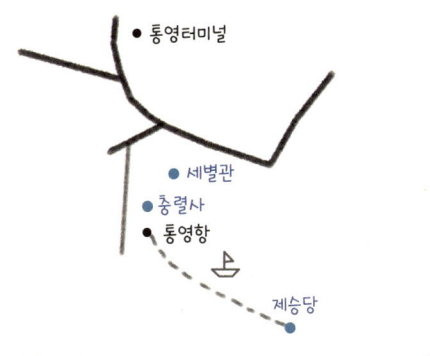

제2부

1.

히데요시와 바다 안개, 나고야성

 임진·정유 양란에 걸쳐 왜군의 출진기지는 일본 규슈(九州) 서북해안 나고야성(名護屋城)이다. 중부일본의 중심도시 나고야(名古屋)와 구별하려고 히젠(肥前)이란 옛 지명을 붙여 '히젠 나고야'라 불리는 곳이다. 사가(佐賀)현 가라쓰(唐津)시에서 버스를 타고 해안선을 따라 40여 분 달리면 닿는 요부코(呼子) 포구 언덕 위에 있다.
 굴곡이 심한 해안선 깊숙한 만(灣)에 얼마든지 배를 숨길 수 있고, 조선과의 거리가 제일 가까운 지리(地利)를 고루 갖추어 옛날부터 왜구의 소굴로 유명했던 곳이다.
 26년 만에 다시 찾아본 나고야성은 그때와 크게 달라 보이지 않앉다. 흘러간 옛 노래 '황성옛터'를 연상시키는 무너진 성벽이 옛날 그대로였다. 일본이 군신으로 떠받드는 도고 헤이하치로의 글씨로 새긴 '나고야죠시(名護屋城址)' 비석도 같은 자리에 우뚝 서 있었다. 같은 자리에 도요토미 히데요시의 야욕과 무상함을 노래한 쇼와(昭和) 시대 하이쿠 시인 아오키 겟토(青木月斗 1879~1949)의 시비도 있었다.

수십 년이 걸린 성터 발굴·복원사업이 끝났다지만 겉보기에 변한 것은 없었다. 주말 낮인데도 탐방객 발길이 뜸해 적막하기만 하였다. 성터 입구에 새로 생긴 박물관과 그 앞에 조성된 상가만이 옛날에 없었던 것이다.

도고 헤이하치로 글씨로 된 성적(城跡) 비는 1930년, 겟토의 시비는 1940년에 세워졌다. 그러나 두 빗돌의 언어는 사뭇 다르다. 도고의 비에는 옛 성터라는 글자뿐이지만, 그것이 세워진 시대와 세운 자의 뜻에 히데요시의 대륙 정복 야망을 그리는 마음이 오롯이 드러나 보인다.

1930년이라면 일본의 만주침략 야욕이 최고조에 달했던 시대다. 내무성이 그 돌을 세우면서 러일전쟁 영웅에게 글씨를 부탁한 가슴 밑바닥에 그들이 '역사상 최고의 영웅'으로 추앙하는 도요토미 히데요시를 존숭하는 뜻이 끓어 넘쳤으리라.

1940년에 세워진 겟토 시비는 히데요시의 야욕을 무상하게 보는 것 같다. "다이코가 눈을 부릅뜨고 노려보지만 바다에는 안개

만 자욱하네(太閤が眠みし海の霞かな)." '다이코'(太閤)란 천황을 대신해 나라를 다스리는 관백(關白) 자리를 아랫사람에게 물려주고 상왕처럼 물러앉은 이를 말한다. 히데요시는 조카(秀次·히데쓰구 1568~1595)에게 양위한 뒤에도 만사를 제멋대로 한 사람이다.

그런 권력자가 아무리 대륙 진출 야망으로 용을 써도 그 꿈은 바다 안갯속에 가물가물하다는 뜻으로 읽히지 않는가. 실제로 성터에서 바라본 현해탄에서는 쓰시마(對馬島)조차 어렴풋하였다.

▲ 나고야 성터에 있는 겟토 시비

26년 만의 탐방객을 놀라게 한 것은 우거진 고목나무 가지에 달려있는 올레길 리본이었다. 처음 눈에 띈 것은 천수각 가는 길가 나뭇가지에 달린 것 하나였다. 반가워 카메라를 들이댔더니 일본인 탐방객이 "그게 무엇이기에 사진을 찍느냐?"고 물었다. 한국 제주도의 올레길 표시라는 대답에 그들은 눈을 동그랗게 뜨며 "천수대 터에도 많은데" 하였다. '제주 올레가 일본과 몽골에 수출되었다더니 여기까지 왔구나!' 싶어 너무 반가웠다.

그 말이 맞았다. 금빛 찬란한 천수각이 있었다는 넓은 터 한쪽에 쇠막대기로 만들어 세운 올레 표지물도 있었다. 나중에 알아보니 가라쓰(唐津)에서 규슈 서북단 히라도(平戶)섬에 이르는 해안선 구간에 올레길이 조성되어 한국인 여행객에게 인기가 있다 한다. 나고야성을 찾아가는 도로 표지판마다 한글이 병기된 것도 그래서구나 싶었다. 7년 동안 조선의 명운을 풍전등화처럼 위태롭게 하였던 왜란 출진기지가 '평화의 길'이 된 것을 400여 년 세월의 작용이라고만 보아 넘기기에는 좀 미진한 뒷맛이 남았다.

임진왜란 400주년 기획 시리즈 취재차 나고야성에 갔던 1991년에는 유적지 발굴사업이 한창이었다. 옛 성터를 정비해 관광자원으로 삼기 시작한 때여서 일본인 관광객 발길이 잦았다. 그 르포 기사가 신문에 보도된 것을 계기로, 국내에서도 관심을 갖는 사람이 늘어나 나고야 성터는 규슈 관광의 인기코스가 되었다. 새삼스레 세월의 두께를 비교해 보게 되었다.

"지금 모습 그대로 두는 것이 역사의 참 뜻을 보여주는 것이라는 생각에서 무너진 성을 보존하기로 했습니다." 그때 안내해 준 진제이(鎭西) 마을 직원은 복원사업이 현상을 그대로 두고 땅속의 유물만 발굴하는 것이라 했

▲ 나고야성 올레길 표지판

었다. 히데요시 이후 염전·반전사상의 결과로 폐허가 된 성을 그대로 두는 것도 역사의 뜻이라는 것이었다.

정작 옛 자취를 찾게 된 것은 나고야성 주변에 촘촘히 늘어섰던 130여 개 번국(藩國)의 진 자리다. 히데요시는 휘하 영주[大名]들에게 전쟁 기간 중 출진 병사들을 거느리고 성 아래 대기하도록 요구했다. 출진 후의 병력 보충과 병참 업무를 강제했기 때문에 전국의 영주들은 수많은 예비 병력을 거느리고 그곳에 눌러 있을 수밖에 없었다. 그 진터들은 전후에 폐허가 되었다가 사유지로 바뀌어 흔적마저 감추어졌다. 1970년대부터 시작된 복원사업의 큰 틀은 그 땅을 사들여 옛 모습의 윤곽을 복원하는 것이었다. 그리고 박물관

을 지어 전쟁의 배경과 경과, 양국 평화의 지향점을 모색하고 홍보하자는 것이었다.

나고야성은 축성과 폐성이 모두 전광석화 같았다. 인구 20~30만의 거대 병영도시 나고야성은 번개같이 건설되었고, 또 그렇게 해체당하는 비운을 맞았다. 최고 권력자가 사라지고 세상이 바뀌면 어느 나라 어느 시대나 일어나는 일이다. 그러나 그처럼 철저하게 무참하게 파괴된 일은 흔하지 않으리라.

일본 통일의 꿈을 이룬 히데요시는 조선과 명나라를 손아귀에 넣어 동아시아 패권을 잡겠다는 야욕으로 1590년부터 대륙 침략을 꿈꾸기 시작한다. 중국은 물론 인도까지 영토를 넓혀 부하들에게 봉토를 나누어주겠다고 큰소리를 쳤다. 그 계획에 비판적이던 동생 히데나가(秀長 1540~1591)가 죽고, 천금보다 귀히 여기던 외아들 쓰루마쓰(鶴松 1589~1591)마저 잃어 심신이 극도로 피폐했던 1591년 8월, 그는 규슈 지방 영주들에게 '대륙경영 사업' 개시를 선언하였다. 적지(適地)에 출진기지를 건설하라는 명령도 떨어졌.

당시 일본에 와 있던 포르투갈 선교사 루이스 프로이스(Luis Frois 1532~1597)의 〈일본의 역사〉에는 그때의 일이 이렇게 묘사되었다. "관백(히데요시)이 조선으로 가장 쉽게 건너갈 수 있는 항구가 어디인지를 묻자 가신들은 나고야라 불리는 아름다운 항구가 있는데, 수천 척의 선박이 안전하게 출입할 수 있는 곳이라고 대답했다. 그 말이 끝나기도 전에 그는 전국의 영주들을 나고야에 집결시

키도록 명령했다. 그리고 각자의 부담으로 궁전과 해자와 저택으로 꾸려진 화려하고 넓은 성채들을 조속히 축조하되, 교토에 지은 것보다 뒤떨어지지 않아야 한다고 강조하였다."

이 문장에서 주목할 것은 '교토에 뒤지지 않는 화려한 궁전과 성채'다. 그것은 화려하기로 유명한 교토 니죠성(二條城)을 말한다. '영주들 각자의 부담으로 건설하라'는 말도 주목거리다. 중앙정부는 한 푼도 내지 않는 일본 봉건사회의 독특한 재정 시스템인 '후신(普請) 명령'이다.

후신이란 불교에서 민간에 널리 시주를 청하여 불당이나 탑을 짓거나 수선하는 사업이란 뜻이지만, 절대 권력자가 영주들에게 갖가지 토목·건축 사업을 시킨 일을 의미한다. 나랏돈은 10원도 쓰지 않고 국책사업의 돈과 인력을 영주들에게 부담시켰으니, 아

▼ 허물어져 가는 나고야성

무리 봉건시대라지만 어떻게 그런 횡포와 전제가 있을 수 있었는지 흥미롭다.

프로이스는 영주들이 꼼짝 못하고 명령을 수행한 이유를 이렇게 설명했다. "다른 영주들에게 뒤지지 않으려는 경쟁심이었다. 작업 중 사소한 부주의를 저지르면 감독들에게 공개적으로 질책을 당하게 되고, 그것이 관백에게 무능력자로 낙인찍혀 추방당하거나 재산을 몰수당할 것이 두려웠기 때문이다."

축성 책임자는 '히데요시의 오른팔'이었던 가토 기요마사, 공사 책임자는 뒷날 이 지역 영주가 된 데라자와 히로타카(寺澤廣高 1563~1633)였다. 원래 있었던 가키조에(垣添)성을 헐어 규모를 크게 확장하고, 사방 3km 이내에 130여 번국 영주들의 진영(陣營)을 건설하는 일본 역사상 초유의 대 토목공사였다. 본성 공사는 착공 6개월 만에 완공되었고, 영주들의 진영이 완성되는 데 8개월이 걸렸다니 얼마나 공사를 서둘렀을지 짐작이 가고 남는다.

본성 공사는 규슈 지역 20여 명의 영주들이 비용과 공력을 분담했고, 나머지 공사는 각 영주들의 책임 아래 시행되었다. 해발 89m 나지막한 구릉 꼭대기에 혼마루(本丸)를 짓고, 바다가 한눈에 내려다보이는 곳에 5층 규모의 천수각을 세웠다. 그 아래로 니노마루·산노마루 등 부속시설을 배치하고, 그 주변에 견고한 석축을 쌓아올려 난공불락의 요새를 만들었다. 외성 주변에는 해자를 둘러 외적의 침입에 대비한 전형적인 왜성이었다. 성의 총면적 50

만 평은 일본 최대의 오사카 성에 버금가는 규모였다.

성의 크기만 그런 게 아니었다. 그 시대 인구 30만을 가진 도시는 오사카 말고는 없었다. 성내에는 히데요시의 측실을 위한 사찰과 다실에, 전통 가무극 노(能) 공연장까지 있었다. 그 시대에 그려진 병풍도에는 성내의 건물 약 70여 동, 그 아래 성하촌[城下町]의 일반 백성 주택과 점포 260여 동, 진영 시설 70여 동 등 400여 동의 건물이 그려져 있다.

나고야는 외국인 왕래가 잦은 국제도시이기도 하였다. 병풍도에는 명나라 사절단 40여 명과 포르투갈인 등 260여 명의 통행인이 그려져 있는데, 이 가운데는 조선에서 잡혀온 포로들을 사들여 해외로 팔아넘기는 노예 상인들 모습도 있다. 일본에 포로로 잡혀갔다가 돌아온 정희득(鄭希得 1575~1640)은 실기 〈월봉해상록(月峯海上錄)〉에 "나고야 거리에서 마주친 사람의 반 이상이 조선인"이라고 썼다. 그들 대다수가 붙잡혀간 사람들이었다.

통행인 가운데는 남자들 소매를 잡아끄는 유녀의 모습도 보인다. 해안 거리에는 유곽과 술집이 줄지어 있고, 각 번의 진에서는 수많은 사졸들이 할 일 없이 소일하고 있었다. 노예장사로 재미를 본 외국인들도 돈을 풀어 쾌락을 샀을 것이다.

발굴 작업 중 천수각 주변에서는 금박기와편이 많이 출토되었다. 벽면뿐 아니라 기와에도 금박을 입혀 아침저녁 성곽이 금빛으로 번쩍이게 하였던 것이다.

성의 건설과 전쟁 수행에 시달린 일본 민중의 고난이 기록으로 남았다. 병력 1만 5,000명을 할당받은 사쓰마(薩摩)번의 경우 7,000명이 넘는 아시가루(足輕·보병)와 6,000명이 넘는 인부를 징발하지 않으면 안 되었다. 그들은 모두 농·어업에 종사하는 백성들이었다. 갖가지 무기와 장비, 병량과 말먹이, 군수품 및 병선 조달과 운용도 백성들 몫이었다.

백성들의 고난은 그것으로도 모자랐다. 히데요시는 곧 조선으로 건너가겠다면서 중간에 머물 이키(壹岐)섬과 쓰시마(對馬島)에까지 성을 쌓고 궁을 지으라는 명령을 내려 부하들과 백성들을 괴롭혔다. 이키섬에는 아직도 그때의 성적이 뚜렷이 남아 있다. 백성들의 피땀을 짜 한 번도 사용하지 않을 '아방궁'을 지은 것이다.

침략군 출진은 1592년 3월이었다. 고니시 유키나가의 1번 대부터 하시바 히데카쓰(羽柴秀勝 1569~1592)의 9번 대까지 총 출진병력 15만 8,800명, 출진을 도운 예비부대와 병참요원 등을 합친 총 인원은 30만 5,300명으로 기록되어 있다(역사군상 시리즈 〈文錄·慶長의 役〉). 비탈진 구릉 도시에 그런 인파가 북적거렸을 날에 비해 오늘의 정적과 정일은 너무 대조적이다.

히데요시는 침략군이 떠난 3월 26일 교토를 떠나 4월 25일 나고야에 착진, 1년을 머물며 전쟁을 지휘하였다. 그 기간 협상 사절로 온 명나라 유격 심유경(沈維敬)을 접견하기도 하고, 여러 장수들이 조선에서 보내오는 보고서와 진귀한 전리품을 받아들고 천하를 얻은 듯 기고만장하였다. 심유경의 거소는 명군 유격이 머물던 곳이라고 '유게키마루'라는 이름이 붙었다.

이런 영화의 무대였던 나고야성은 전후 곧바로 참담하게 해체되었다. 히데요시가 죽고 세키가하라 패권전쟁에서 승리한 도쿠가와 이에야스는 전투에 공을 세운 데라자와에게 히젠 나고야 땅을 영지로 주었다. 성을 축조할 때 공사 총감독으로 기여하고 조선에 출병한 공로까지 인정한 것이다.

데라자와는 1602년 나고야성을 허물고 가라쓰 해변에 자신의 성을 축조하였다. 조선침략의 상징물인 성을 허문 것은 일개 영주의 결정이 아니었다. 조선과의 무역재개와 친선관계 회복의 필요성을 절감하였던 이에야스는 성을 허물어 전쟁에 반대했던 자신의 뜻을 널리 알릴 필요가 있었다. 전쟁기간 아버지와 남편, 또는 자식과 형제를 잃었거나 오래 빼앗겼던 민중은 전쟁에 치를 떨었다. 7년 동안 헐벗고 굶주린 것이 모두 전쟁 탓이라 여겼던 민중의 염전사상은 하늘을 찔렀다. 그 반전사상과 염전사상은 지금 허물어진 성터 위에 아기불상의 모습으로 남았다.

데라자와는 그렇게 허문 성석과 건물의 자재를 고스란히 자신의 성 쌓기에 사용하였다. 가라쓰(唐津)시 마쓰우라(松浦)강이 바다로 흘러드는 하구 서편 나지막한 언덕 위에 한껏 멋을 부려 쌓아올린 가라쓰 성은 멀리서 보면 학이 나래를 펴고 춤을 추는 모습을 닮았다고 무학성(舞鶴城)이라 불린다.

그렇게 헐린 나고야성은 얼마 후 일반민중의 공격으로 또 한 번 상처를 입는다. 1637년 도쿠가와 이에야스의 기독교 탄압과 가혹한 조세가 원인이었던 시마바라(島原) 민란 때였다.

성터 입구 나고야성박물관 현관 앞에는 제주도 돌하르방 부자가 서서 탐방객을 맞아준다. 일본인들은 이 낯선 수문장 앞에서 반드시 발길을 멈추고 안내문을 읽거나, 기념사진을 찍기도 한다. 이 박물관의 성격이 '일본열도와 조선반도의 교류사'임을 증명하는 광경이다.

출입문을 들어서면 제일 먼저 눈에 띄는 전시물이 한국 고미술의 상징인 반가사유상(복제품)이다. "7세기 중국과 조선반도 문명의 영향을 받아 일본에 처음 율령국가가 세워졌다"는 설명문이 그 아래 붙어 있다.

무엇보다 눈길을 끄는 것이 거북선 모형이다. 실물보다 많이 축소된 것이지만 여수나 통영에서 본 것과 다르지 않다. 문을 들어서 처음 맞닥뜨리는 공간에 자리한 거북선 옆에는 당시의 일본 전함 아다케부네(安宅船) 모형이 나란히 떠있고, 두 나라 병기·무복·전황도 등도 전시되어 있다. 객관적인 시선으로 그 전쟁을 조명하려는 뜻이 엿보인다.

임란 포로로 잡혀온 조선 학자들과 일본 학자의 교류가 근세 일본 주자학 발전에 기여했다고 설명된 전시물도 그렇다. 임진왜란 이후의 양국관계를 보여주는 전시물 가운데는 안중근 의사의 거사까지 포함되어 있는데, 임진왜란과 근세의 조선 지배는 '불행했던 시기'로 표현되었다.

가는 길

나고야성·나고야성박물관 - 후쿠오카 공항에서 가라쓰(唐津)까지 전철, 가라쓰에서 요부코(呼子)까지 시외버스, 요부코에서 나고야성까지 현지버스

- 나고야 성터
- 나고야성 박물관
- 후쿠오카
- 가라쓰역

2.

노예 전쟁,
도자기 전쟁

    정유재란은 '노예 전쟁'이었다. 조선인 노예가 큰돈이 된다는 말에 혹한 일본인 중개상과 외국인 큰손들이 일찍이 노예사냥에 나섰다. 왜장들도 되도록 많은 포로를 붙잡아 돌아가서 팔거나 노비로 부릴 욕심에 눈이 멀었다. 징병·징용으로 일손을 잃어 피폐해진 농어촌이 제대로 돌아가게 할 보충 인력이 필요했던 것이다.

    정유재란은 '도자기 전쟁'으로도 불린다. 우수한 조선 도공들을 납치해 꽃을 피운 도자기 문명이 그것을 증명하고 있다. 사쓰마 야키(薩摩燒) 같은 일본의 세계적 도자기 브랜드들은 예외 없이 조선에서 붙잡혀간 도공들을 시조로 하고 있지 않은가.

기술자 쟁탈전이기도 하였다. 문화적으로 조선에 뒤졌던 일본은 각종 기술자와 의원, 제약사, 목공, 기와공, 미장공, 직조공, 철장, 야장 등 닥치는 대로 잡아가 해당 분야에 상당한 발전을 이루었다. 서울 남산 아래 주자소에 있던 활자와 인쇄기계를 약탈하고, 인쇄공을 납치해 인쇄문화에 첫걸음을 뗀 일이 대표적 사례다. 그때 약탈해간 주자소 활자는 지금 도쿄대학교 도서관에 보관되어 있다.

정유재란은 또한 '각시전쟁'이기도 했다. 아름다운 여성을 일컫는 '가쿠세이'를 찾으려고 왜장들이 눈에 불을 켰다. 당시 야마구치 지방에 유통되었던 회화사전에 "고분 가쿠세이 더불어 오라"는 조선말이 미녀를 데리고 오라는 말이라고 해석되어 있다. 이 말은 출진장병을 전송하는 인사말이기도 했다. 그렇게 잡혀간 규수 가운데는 영주의 첩이 되었던 사람도 있다. 최고 권력자의 수청 들기를 거부하다가 태평양의 외딴섬에 유폐되었던 오타 줄리아도 피해자의 한 사람이었다.

도망쳐 갈 때 빈 배로 항해하기가 위험하다고 선창을 채울 목적으로 양민을 닥치는 대로 잡아가기도 했다. 임진·정유 양란 7년간 조선에 붙잡혀 간 사람은 대체 얼마나 될 것인가.

왜군이 오래 농성했던 경남 해안 지방과 호남 지방의 피해가 극심했지만, 그 수가 어느 정도인지는 알 길이 없다. 전쟁 수행이 급했던 피해국 조선은 관심을 가질 겨를이 없었고, 일본은 각 지방 영주와 그 휘하 장수들의 개별적 행위라고 조사도 통계도 외면하였다.

 일본 학계에서는 일반적으로 2~3만 명, 또는 5만 명까지 보는 학자가 있다. 국내에서는 적게는 5만, 많게는 10만으로 보는데 최근에는 10만이 넘으리라는 주장들이 제기되고 있다. 그 근거로는 사쓰마(薩摩·가고시마) 지역에만 3만 700여 명의 조선인이 살고 있었다는 증언을 포함하여, 귀환자들이 남긴 글과 단편적인 일본 측 기록들이 있다.

 경상도 사복(司僕·궁중 수레와 말을 관장하는 관직) 정신도(鄭信道)는 귀환포로 출신 전이생(全以生)의 증언을 인용해 가고시마에 3만 700명 조선인 거주설을 상소문에 인용하였다. 광해군 9년 4월 계축일 〈광해군일기〉에 인용된 이 상소문은 광해군 시대가 되도록 피랍인 수조차 파악되지 않았던 실상을 보여주는 실록이다.

 17세기 초 나가사키(長崎) 히라도(平戶) 지역 조선인 분포를 보여주는 자료 〈평호정인수개장(平戶町人數改帳)〉에는 당시 호수(戶數)로 27%, 인원수로는 11%의 조선인이 히라도에 거주한 사실이 기록되어 있다. 그때 나가사키 지역에는 2,300명의 기독교인이 있었다는 기록도 있다. 규슈의 한 지역에만 그렇게 많은 조선인 포로가 있었다면 일본 전국에 얼마나 많은 사람이 끌려갔을까 하는 짐작이 가능하다.

 일본 유학의 스승으로 불리는 강항(姜沆)의 〈간양록(看羊錄)〉에는 "전후(정유재란 이후) 이요(伊豫) 주 오쓰(大津)지방에 잡혀온 사람이 무려 1,000여 명인데, 이들은 밤낮으로 마을 거리에서 떼지어 울고 있으며, 먼저 잡혀온 사람들은 반쯤 왜인에 귀화하여 돌아갈 생각이 없었다"는 견문 기록이 있다.

귀환포로 정희득(鄭希得)은 포로생활 수기 〈월봉해상록〉에서 "신이 이르러 보니 우리나라 남녀로서 전후에 잡혀간 자가 아와슈(阿波) 주 이야마(猪山)에만 무려 1,000여 명인데, 모두 왜졸 하인이 되었다"고 썼다. 그는 정유재란 포로가 임란 초기 포로의 10배가 넘는다는 견문도 기록으로 남겼다. 여기서 말하는 이요는 오늘의 시고쿠(四國) 에히메(愛媛)현, 아와는 도쿠시마(德島)현이다. 규슈에서 또 바다를 건너가야 하는 먼 고장이다.

포르투갈 예수회 선교사 루이스 프로이스가 예수회 총장신부에게 보낸 글에도 나온다. "이곳 나가사키에는 남자뿐 아니라 많은 여자와 어린아이도 포함된 조선인 포로들이 (기독교)교육을 받았습니다. 그들의 수는 1,300여 명입니다."

이들이 잡혀가는 모습도 생생한 기록으로 남았다. 마치 개돼지처럼 끌려가는 참상이 저들의 손으로 기록되었다.

"일본에서 수많은 (노예)상인이 왔는데, 그중에는 인신 매매자들도 섞여있었다. 이들은 남녀노소를 불문하고 포로를 사들여 새끼줄로 목을 줄줄이 엮어 묶은 후 빨리 걸으라고 몰아쳤다. 혹 꾸물대거나 발을 절면 몽둥이로 내리치며 몰아댔다. 그 모습이 마치 지옥의 무서운 귀신이 죄인을 다루는 것이 저럴까 싶었다. 마치 원숭

이를 엮어 묶듯 해서는 우마를 끌고 짐을 지고 가도록 볶아대는 것이 차마 눈 뜨고 볼 수 없었다."

정유재란 종군 왜승 케이넨(慶念)의 〈조선일일기〉 11월 9일 자 내용이다. 급거 귀국하려고 부산에 모여든 여러 부대 무장들에게서 조선인 양민 포로를 노예로 사들여 끌고 가는 모습이 이렇게 묘사되었다.

그렇게 끌려간 사람들은 다 어떻게 되었을까. 기록으로 전해져 오는 성공 스토리 말고는 대개가 고난과 순응으로 한평생을 마친 것으로 보아야 한다. 통탄할 일은 그들 중 일부 젊은이가 왜병이 되어 정유재란 때 조국에 총을 쏜 일이다.

"임진·계사년에 어린아이로 잡혀가 장성하여 정용하고 강하기가 왜놈보다 나은 젊은이들이 정유년 재침 때 적을 따라간 자가 무척 많지만 본국으로 도망쳐온 자는 적고 적국으로 돌아간 자가 많았습니다. 신이 꾸짖어 말하기를 '이미 고국에 돌아갔으면 도망쳐 숨기가 쉬운데 다시 적국에 돌아왔으니 이것이 차마 할 짓인가?' 했더니 '우리들이 약속을 맺고 빠져 달아나면 우리나라 복병들이 보고 쫓아오는데 우리는 포로가 되었다가 도망쳐 온 사람들이다, 하고 큰 소리로 외쳐도 더욱 빨리 달려오니 부득이 왜진으로 돌아올 수밖에 없었다' 하였습니다. 우리 군사들이 수급을 바쳐 공을 세우려는 생각 때문이니 어찌 원통하지 않으리오." 정희득의 〈월봉해상록〉에 나오는 이 이야기는 전쟁의 비극만으로 치부하기에는 너무 애달프다.

사실 그의 가족사는 애달픔을 넘어 비극의 중첩이었다. 남원성이 떨어진 뒤 왜적이 함평으로 들이닥치자 정희득 일가는 급히 배를 구해 바다로 나갔다. 영광 칠산도 바다에서 적선과 조우하자 어머니는 "왜적에게 더러운 꼴을 당하느니 깨끗한 몸으로 죽겠다"며 바다로 뛰어들었다. 아내와 형수, 누이동생도 망설이지 않고 몸을 던졌다.

남자들은 결박당하여 바라보기만 할 뿐 아무 방도가 없었다. 함께 묶였던 일가 정절은 그렇지 않았다. 큰 소리로 왜적의 무도함을 꾸짖었다. 왜적이 그의 오른팔을 잘랐다. 그래도 멈추지 않아 왼팔마저 잘렸다. 저항하지 않은 정희득 형제는 일본으로 끌려갔다.

강항의 가족사도 마찬가지다. 비슷한 시기 같은 해역에서 왜적을 만난 강항 일가의 여인들도 바다로 투신했다. 그러나 썰물 때라서 왜적의 갈쿠리에 건져 올려졌지만 두 아이는 물결에 휩쓸려가고 말았다. 눈앞에서 어린 자식이 죽는 것을 뻔히 눈 뜨고 볼 수밖에 없었다. 그렇게 가족과 헤어진 강항의 한이 조용필의 노래 '간양록'이 되었다.

이국 땅 삼경이면 밤마다 찬 서리로
어버이 한숨 쉬는 새벽달일세
마음은 바람 따라 고향으로 가는데

선영 뒷산에 잡초는 누가 뜯으리
허야 허야 허야 허야 어허허
허야 허야 허야 허야 어허허

　노랫말과 곡조, 그리고 조용필의 목소리가 아무리 애달파도 어찌 그 한과 고통을 다 담으리! 이 노랫말은 기요마사에게 포로로 잡혀 끌려갔던 전라좌병영 우후 이엽(李曄)이 탈출을 시도할 때 썼다는 시에서 애절한 대목만 발췌한 것이다. 이엽의 시는 '삼한의 피를 받아 굵어진 이 뼈, 어찌 짐승 놈들과 섞일 수 있으리(盡是三韓候閥骨 安能略城混牛羊)'로 끝난다. 그는 탈출에 실패하게 되자 "또 잡히느니 차라리 죽으리라" 하고 배에서 칼을 물고 바닷물에 뛰어들어 자진하였다.

　강항의 기개도 이에 못지않았다. 히데요시가 죽어 묘에 만금전이 세워지고 문루에 일세의 호걸로 떠받드는 글이 올랐다. 구경 갔던 그는 붓으로 그 글귀를 쭉쭉 그어버리고, 그 옆에 이렇게 써놓았다고 〈간양록〉에 썼다. "반생동안 한 일이 흙 한줌인데 십층 금전은 울룩불룩 누구를 속이자는 거냐! 총알이 또한 남의 손에 쥐어지는 날 푸른 언덕 뒤엎고 내닫는 것쯤이야!(半生經營土一盃 十層金殿謾崔嵬 彈丸亦落他人手 河事靑丘捲土來)"

　굽히지 않는 절의와 의기를 지녔던 강항이나 정희득은 우여곡절 끝에 환국의 행운을 누렸지만, 거개의 포로들은 이름 모를 땅에서 불귀의 고혼이 되고 말았다. 이탈리아 상인 프란체스코 카를레티(Francesco Carletti 1573~1636)가 남긴 〈나의 세계일주기〉에는 조선인이 외국인 노예상에 팔아넘겨지는 정경이 다음과 같이 기록됐다.

"이 나라(Corea)에서 헤아릴 수 없이 많은 남녀노소가 노예로 잡혀왔다. 그중에는 보기 딱할 만큼 불쌍한 어린이도 있었다. 그들은 모두 아주 헐값에 매매되고 있었다. 그리하여 나도 12큐스티를 내고 5명을 샀다. 그리고 그들에게 세례를 주어 인도 고야에 데려가 자유의 몸으로 놓아주었다. 그 중 한 사람만은 플로렌스로 데려갔는데, 그는 지금 로마에 살고 있다. 그는 안토니오 꼬레아라는 이름으로 알려져 있다." 한국일보 김성우 특파원은 1979년 로마 현지 취재를 통해 안토니오가의 선조가 한국인이었음을 밝혀냈었다.

노예로 팔린 사람들은 대개 마닐라, 홍콩, 마카오, 고야 등지를 경유해 아시아 지역의 유럽 제국 식민지로 팔려갔다. 그들 대다수는 사탕수수밭이나 바나나 농장 등에서 혹독한 중노동에 시달렸다. 직접 유럽으로 팔려간 사람도 있었다. 외국인 노예상인 거개가 포르투갈 사람들이었기 때문이다.

규슈 곳곳에 지금도 당인정(唐人町) 또는 고려정(高麗町)이라는 마을 이름이 남아있는 것도 조선인 포로가 그만큼 많았다는 반증이다. 당인정란 글자 뜻으로는 중국인 거주 지역으로 이해되기 쉽다. 그러나 중국인 거주지는 소수이고 거개는 조선 포로 집단 거주지였다. 일본 사람들은 문화와 문명이 발달한 대륙을 동경한 나머지,

한반도나 중국을 '가라'라고 했다. 한(韓)도 가라요, 당(唐)도 가라로 읽는 것이 그 증거다.

당인정 또는 고려정이 있는 곳은 규슈의 크고 작은 도시 대다수로 보아도 좋다. 한반도와의 교통이 편리한 혼슈 야마구치(山口)현과 오카야마(岡山)현, 시코쿠(四國) 등 서일본 지역 여러 도시에도 분포되어 있다.

그렇게 붙잡혀간 사람들을 데려오려는 조정의 노력은 한없이 굼뜨고 형식적이기만 하였다. 첫 포로 쇄환은 정유재란이 끝나고도 7년이 지난 1605년이었다. 강화사로 갔던 사명대사 유정(惟政 1544~1610)은 새 권력자가 된 도쿠가와 이에야스를 만나 3,000명의 쇄환 약속을 받아냈다. 그러나 그것은 외교상의 실적이고 실제로 데리고 돌아온 수는 훨씬 적었다. 1607년 회답사 겸 쇄환사로 갔던 여우길(呂祐吉 1567~1632)과 경섬(慶暹 1562~1620)이 그 중 큰 성과를 거두었으나, 인원은 남녀 합쳐 1,418명에 불과했다. 그 뒤로는 점차 감소해 1643년 쇄환사 때는 겨우 14명에 그쳤고, 그 뒤로는 흐지부지 되었다. 수십 년 노력의 성과는 7,000명에 미치지 못하였다.

이토록 성과가 부진한 이유는 첫째 일본이 빼돌리고 감춘 탓이고, 둘째는 일본 사회에 녹아든 본인들이 돌아가기를 망설인 탓이었다. 경섬의 보고서에는 "우리 일행이 나온다는 말을 듣고 일본 지방관들이 피로인(被虜人)을 모조리 숨겨놓고 거짓으로 찾아내는 체만 하니, 장부에 있는 조선인 수와 실제 수가 달라 통분하였다"

고 썼다.

조선으로 돌아가기를 단념시키려는 심리전도 있었다. 이경직(李景稷)의 〈부상록(扶桑錄)〉에는 "쇄환된 자는 죽이거나 절해고도에 보내며, 또 사신이 각자 불러 모았다가 바다를 건너가서는 자신의 종으로 만들어 부려 먹는다는 소문이 돌았다"는 내용이 있다. 그런 소문에 현혹된 사람도 있었지만, 실제로는 어렵게 이룬 안정의 보금자리를 떠나기 싫은 사람이 다수였다.

일본인의 종이 되었거나 가정을 이룬 사람들은 나름대로 노력의 대가를 받는 생활에 그런대로 적응이 되었을 것이다. 특히 어려서 잡혀간 사람들이 동화가 빨랐다.

▲ 사가 시 대로변의 당인정 유래 안내판

지금 일본에서 조선 포로들의 자취를 찾아보기는 어렵다. <월봉해상록>에 '지나치는 사람의 반이 조선 포로들'이라던 나고야 성터 거리는 너무 조용하기만 하였다. 그 많던 영주들의 진영 건물과 상업시설·주거시설 등은 간데없고, 찾는 이조차 뜸한 어촌마을이 되었다. 가라쓰(唐津)시에서 버스로 40분을 달려 찾아간 요부코(呼子)항에는 출어하는 배도 귀항하는 배도 안 보였다. 아침 일찍 귀항해 어획물을 부리고 출어를 준비하는 시간인 모양이었다. 부두 옆에 선 아침 시장만이 오전 10시인데도 손님을 부르고 있었다.

후쿠오카 당인정은 시내 한가운데 있다. 지하철 오호리(大濠) 공원역에서 세 정류장을 가면 도진초(唐人町)역이다. 역사를 빠져나오면 바로 도진초 시장. 제법 큰 규모의 시장이라서 낮 시간에도 손님들로 붐볐다.

사가(佐賀)시 당인정도 시내 중심가에 있다. 사가역을 빠져나와 일직선으로 뻗은 큰길에 도진초 버스 정류장 팻말이 붙었고, 큰 길가에 '도진초 유래' 안내판이 서 있다. "1591년 사가에 정착한 이종환(李宗歡)이 히데요시 조선 출병 당시 통사원(통역원)으로 종군하며 도공들 '초빙'에 중요한 역할을 했다. 1599년 영주 나베시마가 데려온 고려인들을 이곳에 모여 살게 한 것이 그 유래가 되었다"고 설명되어 있다. 그가 왜에 협력해 귀국하지 못했다는 내용도 적혀 있어 입맛이 더욱 개운치 않았다.

가는 길

마쓰야마(松山)역에서 JR요산(豫讚)선, 또는 전철 이요레츠(伊豫鐵)로 이요(伊豫)시

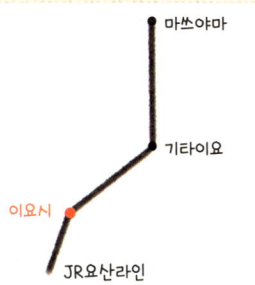

3.

도고 시게노리,
조선 이름 박무덕

　도고 시게노리(東鄕茂德·조선 이름 박무덕 朴茂德 1882~1950)가 조선 도공의 후예라는 사실을 알게 된 것은 1990년이었다. 태평양전쟁 개전과 종전 당시의 일본외상으로서 전쟁 회피와 종전 교섭에 깊이 관여하였던 사람이 조선인 후예였다니 믿어지지 않았다. 100% 조선인 피를 받은 그가 어떻게 그런 지위에 오를 수 있었을까. 의문을 풀기 위해 오래 애썼지만 시원한 답을 얻지 못하였다. 철저히 일본인으로 살았던 우수한 관료였다고는 해도, 그가 외무성 관료로 활동한 시기는 조선인 차별과 멸시가 극심했던 때여서 아무래도 납득이 가지 않는다. 사찰로 유명한 일제 경찰이 그 까다로운 외교관 임용 신원조사를 허술하게 했을까. 이것이 제일의 수수께끼다. 그의 출신지와 가계를 조금만 들여다보아도 100% 조선인 출신임을 금세 알 수 있었을 텐데.

외무성 관료가 되어 제국일본의 마지막 각료로 패전을 맞을 때까지 그는 '조선인 후예'라는 꼬리표를 달고 살았다. "조선인 피를 가진 사람이 대신이 되어 폐하를 모시다니 있을 수 있는 일인가!" 그가 두 번째로 외상이 되었을 때 이런 괴문서가 정부와 시가지에 뿌려진 일이 있었다. 극우세력이 저지른 그 일로 군 내부에 동조세력이 나타나기도 하였다. 그런 분위기는 전후 A급 전범으로 기소되자 더욱 고조되어 그의 고향 옛집에 돌팔매까지 날아들었다.

연합국 합동 군사재판이었던 도쿄재판에서 금고 20년형이 선고되었을 때에는 '전범이니까 나쁜 사람'이라는 인식이 하나 더 추가되었다. 그러나 지금은 '일본을 민족절멸의 구렁텅이에서 구해준 사람'으로 떠받들어지고 있다.

그의 고향 옛집 뜰에 세워졌던 공덕비 비문은 "종전공작의 주역을 맡아 대업을 완성하고 일본국과 국민을 구했다"는 말로 종결된다. 당시 일본정부 관방장관 사코미즈 히사쓰네(迫水久常 1902~1977)의 말과 글씨다.

그 뒤 옛 집터에 도고 시게노리 기념관이 서고, 그를 연구하는 모임들이 활성화된 현실은 시대의 급격한 변천을 말하고 있다.

이런 이야기를 들은 것은 도예가 '14대 심수관'에게서였다. 1990

년 7월 가고시마현 미야마(美山)에 있는 그의 가마를 찾아갔을 때였다. 나에시로가와(苗代川)라는 옛 이름을 가진 사쓰마 야키(薩摩燒) 발상지 취재차 찾아갔을 때 그는 고향 자랑을 하면서 '도고 센빠이'에 대한 이야기보따리를 풀어놓았다. 외무성 관료가 되어 금의환향한 그가 학교에 찾아와 "심수관이 누구냐"고 물었다 한다. 손을 들고 나가자 머리를 쓰다듬어주면서 그가 말했다. "열심히 공부해 훌륭한 도공이 되어야 한다."

마을 입구에 '거짓말 하지 말라, 지지 말라, 약한 자를 괴롭히지 말라, 도고 센빠이를 본받자'는 팻말이 붙어있던 때여서 그는 크게 고무되었다. 평생을 시게노리 현창사업에 바치게 된 계기이기도 하다. 도고기념관도 그가 발의하고 사업 추진도 그가 도맡았다. 도쿄·오사카 등지로 다니면서 도고의 아버지 박수승(朴壽勝 1855~1936)의 도자기 작품을 수집해 미술관에 기증한 사람도 그였다. 그의 아버지가 뛰어난 도공이었음을 세상에 알린 사람이다.

시게노리는 1882년(메이지 15년) 나에시로가와에서 박수승의 장남으로 태어났다. 박수승은 도공으로서도 훌륭했지만 세상을 읽는 눈이 뛰어난 사업가이기도 했다. 메이지 중앙정부의 폐번치현(廢藩置縣) 조치로 현의 보호 정책이 폐지되고 사족(士族) 신분을 잃게 되자 나에시로가와 도공 마을에는 찬바람이 불어 닥쳤다. 각자 도생의 길을 헤쳐가지 않으면 안 되었다. 그런 역경이 박수승에게는 기회가 되었다. 요코하마·나가사키 등지로 다니며 외국인을 상대로 도자기를 팔고 수출하는 사업에 성공한 것이다.

그 재력을 바탕으로 가고시마 시내로 이주하였고 명문 도고 가의 사족 주식을 사들여 도고(東鄕) 성(姓)을 취득한 그는 당당한 일본인으로 살아가기 시작하였다. 그때부터 박수승은 도고 쥬카스가 되었고, 네 살배기 박무덕은 도고 시게노리가 되었다.

시게노리는 어려서부터 총명한 아이였다. 사족 가문 성을 가진 데다 공부 잘하고 돈 많은 아버지 덕에 그는 사족 출신 자제들이 다니는 명문 가고시마 제일중학에 진학할 수 있었다. 그러나 사족 출신 대우를 받지는 못했다. 폐번치현 이후 나에시로가와는 '옹기 마을'로 불리며 급속히 천민 계급으로 전락했다. 급우들이 그 마을 출신이라는 것을 다 아는데 어떻게 사족 출신 대접을 기대할 수 있겠는가.

대접은커녕 '가짜 사족'이라고 놀림까지 받았다. 도고 시게노리 기념사업회가 펴낸 그의 일대기에 따르면, 그는 입학 이후 나날이 말없는 소년이 되어 갔다. 사정을 알아주는 친구 하나를 제외하고는 어울리는 친구가 없었다. 무섭게 공부에만 집착했다. 영어사전의 단어를 다 외우고는 그 페이지를 찢어서 씹어 삼켰다는 일화는 가고시마의 전설이 되었다.

손자 도고 시게히코(東鄕茂彥)가 쓴 〈할아버지 도고 시게노리의 생애(祖父東鄕茂德の生涯)〉(1993)에 나오는 일화는 그의 느긋한 성격을 말해준다. 소학교 시절 하굣길에 갑자기 비가 쏟아져 동무들은

다 처마 밑에 뛰어들어 비를 피하는데, 시게노리만이 혼자서 터벅 터벅 걸어갔다. "시게노리, 뭐하는 거야? 빨리 뛰어와!" 어른들이 소리치는데도 그는 발걸음을 멈추지 않았다. "저쪽에도 비가 오는 걸요." 그는 집까지 비를 맞으며 걸어서 갔다.

제일중학을 졸업한 시게노리는 1901년 가고시마 7고에 입학한다. 이 학교는 문부성 직할 구제 고등학교로서, 학교 이름에 번호가 붙었다고 해서 '넘버 스쿨'로 불리던 일본의 명문교였다(1고는 도쿄, 2고는 센다이, 3고는 교토, 4고는 가나자와, 5고는 구마모토, 6고는 오카야마, 8고는 나고야에 있었다). 그해 개교한 7고에는 1고부터 6고까지의 입시에 낙방한 학생들이 몰려들어 유례없이 입학 경쟁이 치열했다 한다. 전국 각지에서 모여든 수재들이 서로 말이 통하지 않을 정도로 사투리가 심하던 때여서, 학교 측은 고심 끝에 가고시마 방언과 표준어로 된 두 가지 안내서를 발간해야 할 정도였다.

시게노리는 7고를 졸업하고 도쿄제국대학 문학부 독문학과에 진학한다. 아버지는 법대를 나와 내무성 관리가 되기를 원했지만 문학과 철학에 심취했던 시게노리는 아버지 염원을 배반하였다. 그러나 끝까지 아버지 소원을 외면할 수 없었던 그는 외교관 시험에 도전하여 3수만에 합격의 영광을 차지한다. 30세 때였다. 그가 외교관의 길을 선택한 것은 아버지를 의식한 탓이기도 했지만, 고향 선배 외교관의 영향이 컸다. 독일문학에 몰입했던 대학시절 '동서

양 문화의 조화'라는 이상을 실현할 기회로 여겼기 때문이라 한다.

첫 부임지는 만주였다. '봉천(奉天) 일본국영사관 영사관보'가 공식직함이었다. 봉천이란 오늘의 선양(瀋陽)이다. 비행기가 없던 시절 그는 배편으로 부산에 도착해 열차편으로 만주에 부임하였다. 뒷날 발견된 그때의 메모에 열차로 한반도를 종주하면서 느낀 감회는 한마디도 없다. 경복궁과 한강. 아무 감상 없이 언급한 고유명사 두 개가 조선에 관한 메모의 전부였다.

그의 의식세계를 지배하던 파혼 트라우마 탓이었을 것이다. 외교관 시험에 합격하고 부임을 준비하던 시절, 그는 평생 잊을 수 없는 수모를 겪었다. 결혼을 약속한 도쿄의 명문가 규수가 있었는데, 어느 날 일방적인 파혼 통고가 날아왔다. 이유는 끝내 밝히지 않았지만 출신성분 조사에서 조선 도공의 후예란 사실이 드러난 탓이었다는 게 일본 외교가의 정설이다.

그 뒤로 그는 결혼을 포기하고 살다가 37세 노총각 시절 아이가 다섯이나 딸린 독일인 이혼녀 에디 드 라론드와 결혼, 뒤늦게 가정을 이루었다. 그런 트라우마를 가졌다고 해서 그가 조선인 피를 부끄럽게 여긴 흔적은 없다. 외교관 시험에 합격해 금의환향 했을 때 옥산궁(玉山宮)을 참배한 일이 그 사실을 증명한다. 옥산궁이란 나에시로가와에 있는 단군사당이다. 비록 일본 관복 차림이었지만, 마을 수호신을 찾아 고마움을 표하며 합장한 사람의 마음속에는 단군의 후예라는 민족의식이 꿈틀대지 않았을까.

외교관 시절에도 이런 일화가 있다. 본부 국장 시절 퇴근길에 조선인 과장 장철수를 허름한 술집으로 데리고 가 "사실은 나도 조선인 피를 가졌다"고 토로했다. "열심히 일하게. 인내라는 말을 소중히 하고!"라며 격려도 잊지 않았다.

주 독일대사, 주 소련대사 등 중요국 대사를 지내며 '외교의 달인' 소리를 들어 온 그는 마침내 외무대신 자리에 오른다. 미국과의 사이에 전운이 감돌던 1941년 대미교섭 임무를 짊어졌던 첫 외상, 종전 교섭의 사명을 띠었던 두 번째 외상 직무의 하이라이트는 8·15 직전 포츠담 선언 수락을 결정하는 역할이었다.

연합국 수뇌들이 일본의 무조건 항복을 요구하는 포츠담 선언을 발표했지만, 전쟁광 집단인 일본 군부는 결사항전 태세를 누그러뜨리지 않았다. 덩달아 언론도 연일 군부의 '1억 총 옥쇄론'을 부채질하는 사설을 내보내던 때였다.

8월 6일 히로시마에 원폭이 투하되고 소련이 참전한 상황에서도 도조 히데키(東條英機 1884~1948) 수상을 필두로 한 군부는 미치광이 주장을 굽히지 않았다. 원폭피해의 심각성을 파악한 시게노리는 천황을 찾아가 전쟁 종결의 불가피성을 보고했다. 내각에도 같은 주장을 거듭했지만 군부는 요지부동이었다. 그런 교착상태에서 또 한 발의 원폭이 나가사키에 떨어졌다.

그날부터 15일까지 6일 동안 일본제국의 운명은 바람 앞의 등불 같았다. 무조건항복이냐, 결사항전이냐는 운명의 갈림길에서 시게노리의 역할은 결정적이었다. 쿠데타설과 암살 위험을 무릅쓰고 그는 종전 결정의 불가피성을 설득해 나갔다. 군부의 위세에 눌려 입을 닫고 있던 각료들은 13일 각료회의에서 "각자의 의견을 말해보라"는 수상의 요구에 '포츠담 선언 수락' 또는 '수상 결정에 위임'에 찬성 12명, 반대 3명이었다.

▲ 만년의 도고 시게노리

14일 어전회의에서 천황은 외무대신의 전쟁 종결 의견에 각료 다수가 찬성한 사실을 강조하면서 "나는 연합국의 포츠담 회담을 수락하기로 결정하였다"고 선언하였다. 만주침략으로 시작된 길고 긴 15년 전쟁의 종결선언이었다.

전후 시게노리는 연합국 극동군사재판(도쿄재판)에 기소되어 금고 20년형을 선고받고 스가모 교도소에서 복역 중이던 1950년 7월 23일 심장마비로 사망했다. 향년 68세. 그는 병석에서 한국전쟁 발발소식을 들었다. 일본이 도발한 전쟁의 결과로 일본 대신 식민지 한국이 분단되고, 그 때문에 일어난 동족상잔의 참화를 그가 어떻게 보았을지, 그 감회가 어떠했을지 궁금하다. 그렇지만 그것을 짐작할 단서는 어디에도 없다.

도쿄재판 도중 그가 조선의 피를 받은 사실이 언론에 대서특필된 사건이 일어났다. 개전 당시 일본해군의 진주만 기습 선전포고 여부 문제였다. 해군은 선전포고를 했다고 주장한 데 비해 시게노리는 반대 입장을 취한 탓이었다. 아사히신문은 이 사실을 보도하면서 "도고는 꼭 외국인이 일본어를 말하는 것 같은 억양으로 말해 이상한 느낌이 들었다"고 보도했다. 그가 조선인 피를 가진 사실을 에둘러 지적한 것이었다. 어떤 신문은 '과거 일본의 지배 아래 있었던 지역 출신'이라서 그런 말을 한 것이라고 했다. 국무상 겸 기획원총재 스즈키 데이이치(鈴木貞一 1888~1989)는 옥중일기에 "자기 책임을 남에게 떠넘기는 것은 열등한 행위다. 그 이유는 아마도 그가 원래 조선출신이기 때문에…" 하고 직설적으로 거론했다. 조선인 출신이라는 꼬리표가 전범이 된 뒤로 천형처럼 얼굴에 낙인찍힌 셈이다.

1990년 미야마에 처음 갔을 때 도고 생가는 폐가처럼 버려져 있었다. 'A급 전범'이라는 멍에 탓이었다. 심수관 도원에서 두어 집 떨어져 있었던 그 집은 소유권 분쟁에 휘말려 한때 소학교 교장 관사로 이용되기도 했지만, 돌이 날아드는 사회 분위기 탓에 곧 폐가가 되었다. 마당에 잡초가 키 높이로 자랐고, 대문에는 각목이 X자로 못 박혀 사람의 출입을 막았다.

그런 분위기가 일전되기에는 오랜 세월이 필요하지 않았다. 경

▲ 가고시마 미야마의 도고 시게노리 기념관

제번영의 격양가 속에 자연스레 '민족 절멸의 위기를 구출한 사람' 이라는 평가가 이루어졌다. 2010년 남 규슈 여행길에 들렀을 때에는 생가 터에 아담한 기념관이 들어서 있었다. 정문을 들어서면 바로 사코미즈 히사쓰네의 비문이 선명한 송덕비, 그 오른편 나무 아래에 시게노리의 실물대 동상이 서 있다. 기념관 안에는 도쿄제대 시절 시게노리의 모습과 외상시대의 초상화, 복역 중 가족과의 면회 사진 등이 전시되어 있고, 나에시로가와 마을과 조선 도공을 설명하는 한일 두 나라 문자로 된 안내서도 걸려 있다. "나에시로가와에서는 메이지 시대가 끝날 무렵까지 조선의 풍속과 언어가 남겨져 있었다. 조선 도공의 수호신이 된 옥산궁 신사에서는 머나먼 고향을 그리워하는 제사가 행해졌다." 이 안내문 한 줄에 이 마을 400년 역사가 함축되어 있다.

도공 박문의 업적을 소개하는 안내문에는 "박정관이 제작한 백사쓰마 도자기가 파리 만국박람회 출품되어 사쓰마 도자기 이름을 유럽까지 알리게 되었다"고 씌어있다. 여기 나오는 박정관(朴正官)은 근세 사쓰마 야키를 일으켜 세운 사람으로 추앙되는 인물로, 정유재란 당시 사쓰마에 끌려온 도공들의 리더 박평의(朴平意 1558~1623)의 후손이다. 시게노리의 손자는 할아버지 일대기에 "할아버지 가문이 박평의 후손이라는 근거는 없지만, 그때 끌려온 도공 가운데 박씨 성을 가진 사람이 많지 않았고, 동성이고 같은 도공이었다는 점에서 할아버지와 피가 통하는 관계로 본다"고 썼다.

시게노리와 에디 사이에는 무남독녀 이세가 유일한 혈육이었다. 시게노리는 외동딸 이세를 자신의 비서관 출신 외교관과 결혼시켜 양자로 삼았다. 뒷날 주미대사를 역임한 도고 후미히코(東鄕文彦)였다. 이들 사이에는 아들 쌍둥이가 태어났다. 1945년생인 손자 도고 시게히코(東鄕茂彦)는 와세다대 정경학부 출신이다. 아사히신문 기자를 거쳐 워싱턴 포스트로 옮겨 오랜 기간 도쿄 특파원을 지냈다.

쌍둥이 동생 도고 가즈히코(東鄕和彦)는 도쿄대를 나와 3대 외교관의 길을 걸으며, 북미국장 주미대사 등 외무성 요직을 섭렵하였다. 퇴직 후에는 미국·대만 등지의 대학에서 초빙교수 생활을 오래 했고, 2007년 서울대 국제대학원에서도 국제관계학을 강의한 일이 있다. 그는 역대 일본총리의 야스쿠니 신사 참배에 부정적인 생각을 가진 외교관으로 유명하다. 현역 시절 김대중 납치사건, 문세광 사건 등 한일 현안문제를 다룬 경력이 있으며, 퇴직 후인 2006년에는 총리의 야스쿠니 신사 참배 중단을 요구하는 회견으로 일본에서 화제가 되기도 하였다.

가는 길

가고시마역에서 JR가고시마본선 히가시이치키(東市來) 하차, 택시로 미야마(美山) 마을

- 히가시이치키
- 도고 시게노리 기념관
- JR가고시마라인
- 가고시마주오초

4.

피랍 420년, 심수관가의 조선 혼

임진·정유 왜란 피랍인 후손 가운데 가장 유명한 이는 14대 심수관(沈壽官 1926~)이다. 일본 도예의 대명사가 된 사쓰마 야키(薩摩燒) 중흥의 주인공이라는 게 그 이유일 것이다.

1969년 그를 주인공으로 설정한 시바 료타로(司馬遼太郞 1923~1996)의 소설 〈고향을 어찌 잊으리오〉가 화제가 되자 그의 명성도 부풀어 올랐다. 정유재란 피랍 도공들이 규슈 가고시마(鹿兒島) 땅에 터를 잡고 370년 동안 조선인 혈통을 이어온 가문의 내력이 독자들의 심금을 울린 것이다.

한국에서 그는 '노란 셔츠 입은 사나이'로 유명했다. 1974년 한국에 온 그는 서울대 강당에서 강연했다. 질의응답 시간에 일제 36년을 말하는 학생들에게 "여러분이 36년을 말한다면 나는 370년을 말해야 합니다. 과거에 매이지 말고 앞으로 나아가야 하지 않겠습니까?" 하고 답했다.

그 순간 우레 같은 박수가 터지면서, 합창이 울려 퍼졌다. 마침 그가 노란 티셔츠를 입고 있었던 것이다. 14대째 한국 이름을 쓰고 있는 데 대한 존경과 사랑의 표시였다. 그 일을 계기로 그는 박정희 대통령을 예방하는 행운을 누리기도 하였다.

그건 오래전 이야기고, 근래에는 고 노무현 대통령이 그의 집을 방문하고, 한일 각료회담 간담회가 그의 집에서 열린 일로 유명해졌다. 2004년 12월 18일 가고시마에서 열린 한일 정상회담이 끝난 뒤, 유명한 온천 휴양지 이부스키(指宿)로 가는 길에 노 대통령이 그의 집에 들러 차 한 잔을 마신 일이 있었다.

1998년에는 가고시마 한일 각료회담 후 양국 각료들이 그의 집에서 간담회를 가진 일도 있었다. 30년째 주일 한국대사관 명예총영사직을 수행하고 있는 그의 가교 역할이 필요하기도 했지만, 양국이 서로 편한 인물이었던 것이다.

그를 처음 만난 것은 1981년 도쿄에서였다. 정확히 말하면 그의 작품과의 첫 만남이었다. 게이오대 신문연구소에서 공부할 때 우연히 신주쿠 도큐 백화점에서 '심수관 도예전'이 열린다는 신문기사를 보고 달려갔었다. 먼저 놀란 것은 작품값이었다. 막사발로 보이는 그릇 하나에 30만엔 가격표가 붙어 있었다. 도예에 까막눈이었던 젊은 기자의 눈에 그건 상상이 안 되는 값이었다.

두 번째로 놀란 것은 그가 심수관이란 우리 이름을 쓰고 있다는 사실이었다. 그는 분명 일본인이고, 그의 선대가 납치되어 온지 380년을 바라보는데, 아직 한국 이름을 쓴다는 사실이 믿어지지 않았다. 재일동포 거의 모두가 한국인이라는 사실을 숨기려고 통명(通名)이라는 일본식 이름을 쓰고 있지 않은가.

그 후로 꼭 한 번 그를 만나 인터뷰를 하고 싶은 욕망을 품고 살았는데 그 소원은 10년 만에 이루어졌다. 1990년 7월 주일 특파원으로 발령받아 도쿄에 부임하자마자 가고시마로 달려갔었다. 도쿄에서 신칸센으로 후쿠오카(福岡)까지 7시간, 거기서 특급열차로 가고시마까지 5시간, 다시 로컬 열차로 30분을 달려, 시골 역에서 택시로 30분이 걸렸다. 중간에서 하룻밤을 묵는 여정이었다. 미야마(美山)라는 지금의 마을 이름보다 나에시로가와(苗代川)이라는 옛 이름이 더 유명한 곳이다.

수장고에서 선대들의 작품들을 둘러보는 사이, 14대가 가마에서 나왔다는 전갈이 왔다. 수염이 더부룩한 얼굴이 이웃집 아저씨처럼 푸근한 인상이었다. 잉크빛 작업복은 개량한복 같았다. 그는 십년지기처럼 환대해 주었다. 따스한 손길에 이끌려 사랑채에 오르니, 낡은 선풍기 저편 벽에 '百世淸風(백세청풍)'이라는 글씨가 눈길을 끌었다.

"선친께서 조선에 가셨을 때 황해도 해주의 어느 정자에서 탁본을 떠온 것이오. 우리집 가보요." 수인사가 끝나고 액자를 화제 삼자 그는 이렇게 대답하며, 가문의 내력부터 설명하기 시작하였다.

많은 것을 물었고, 많은 말을 들었다. 정유재란 때 붙잡혀온 도공 후예들이 사는 마을이라기에 당신처럼 조선 이름을 가진 사람이 얼마나 되느냐고 물었더니, "우리 집뿐이오" 하였다. 성은 그대로인 임(林)씨가 있지만, 읽기는 일본식으로 '하야시'인 집이 하나, 나머지는 모두 일본 성으로 바꾸었다는 것이다. 200여 호 가운데 50%는 조선 도공 후예들이고, 나머지는 메이지 유신 이후 흘러 들어온 일본인들이라 하였다.

"지금은 달라졌지만 메이지 유신 무렵까지만 해도 마을에 서당이 있어 글 읽는 소리가 낭랑했답니다. 조선의 혈통을 보전시키려는 사쓰마번(藩)의 보호정책 덕분에 모두가 사족 대우를 받으며 경제적으로도 유족하게 살았지요." 그는 나에시로가와 마을이 번 당국으로부터 어떤 보호를 받았는지를 강조하는 사례로, 마을 사람 하나를 죽인 범인과 관련자 6명이 모두 처형당한 사건을 들었다.

서당 이야기가 끝나자 그는 잠시 자리를 뜨더니 '한어훈몽(韓語訓蒙)'과 '숙향전' 고본을 들고 왔다. 한어훈몽은 자녀들에게 우리말을 가르치던 교과서다. '매오 좃다'(매우 좋다) '책을 닐러라'(책을 읽어라) 같은 우리말 고어 옆에 일본글자로 훈이 붙어있었다. 그렇게 가르친 우리말로 자녀들에게 우리말 책을 읽혔다는 것이다.

아직도 우리말 잔재가 많고, 한동안은 개고기를 먹는 풍습에서부터 제례 혼례에 이르기까지 조선 색채가 남아 있었다고 하였다. 그가 어려서는 돈이 없다는 말은 "동가 샤가나이", 방귀 뀌었다는 말은 "방구 시타"라 했다 한다. 공방과 가마에는 더 많다. '안주루통'은 가마에서 일할 때 쓰는 간이의자다. 물그릇은 '무루사쿠', 흙덩이는 '동그레', 주걱은 '비코세', 막대기는 '찌르레', 흙을 두드려 펼 때 쓰는 연장은 '슈르레', 장작은 '지쿠순'이라 부른다. 일본어에는 없는 말들이다.

점심 대접을 받은 뒤 그가 운전하는 벤츠 승용차를 타고 단군사당 옥산궁(玉山宮)부터 찾아갔다. 자동차 라디오에서 우리말 방송이 나왔다. KBS 제주방송이었다.

"우리말을 알아들으시네요."

"아닙니다. 뜻을 몰라도 들으면 편안해서 그냥 틀어놓습니다."

우리말을 몰라서 미안해하는 표정에 어린이 같은 부끄러움이 묻어 있었다. 차에서 내려 차밭 사이로 난 나지막한 언덕길을 잠시 오르니 대숲 가에 옥산궁이 모습을 드러냈다. 개량기와로 지붕을 이은 정자 같은 건물 앞에 작은 도리이(鳥居·신사 산문)와 돌 등롱이 서 있었다. 일본 신사 분위기가 나지 않아 다행이었다. 가까이 가보니 사당은 많이 퇴락해 있었다. 상주 관리인이 없는 탓인지 잡초가 무성하였다.

"오래 전에 신관이 죽고 새 사람을 모실 수 없어 이렇습니다. 아무나 신관으로 앉힐 수도 없는 일이라서……. 다시 사당을 부활시키자는 논의가 있으니 머지않아 문을 열게 되겠지요."

그렇게 된 것이 자기 책임이기나 한 듯이, 표정에 미안해하는 빛이 역력했다. 그러면서 얼른 옥산궁의 유래를 말하기 시작하였다.

"살기에 여유가 생기고부터 마을에 갈등이 심했던 모양입니다. 서로 자기 가문이 잘났다고 티격태격한 것이겠지요. 어느 날 밤 현해탄 쪽에서 커다란 불덩이 하나가 날아와 여기 떨어졌는데, 다음 날 아침에 와 보니 큰 바위가 생겼더래요. 사람들은 서로 싸우지 말고 사이좋게 살라는 단군의 계시로 알고 이 자리에 사당을 세웠답니다."

옥산궁이 생기고부터 매년 설날과 추석이면 단군제가 열렸다. '오노리소'라는 신축가가 그때부터 불렸는데, 이제는 노랫말의 뜻도 제대로 전해지지 않는다.

오오루 나리 오노리라
마이루이 또나 오노리라
나루논 지에루루 또

도자기 작품에 새겨져 내려오는 노랫말(일본어)은 '오는 날도 오는 날도 매일매일이 오늘과 다름없네. 날이 저물고 또 해가 떠올라도 오늘은 오늘, 언제나 같은 세월'이라고 되어 있다. 고국에 돌아

▲ 심수관가 대대로 사용 중인 가마

갈 날만 손꼽아 기다리는 인고의 세월에 오늘과 내일의 차이가 있겠느냐는 체념과 실망의 뜻으로 읽힌다.

이 노랫말이 옛 가곡집〈청구영언〉첫 장에 나오는 노래 '오늘이소서'에서 비롯된 것이라는 주장도 있다. 그 첫 소절(오늘이 오늘이소서 /매일에 오늘이소서 /저물지도 새지도 마시고 새라난 매양장식에 오늘이소서)과 비교하면 뜻이 상통하는 것도 같다.

옥산궁을 떠난 자동차는 이웃 쿠시키노(串木野) 시가지를 지나 시마비라(島平) 해안에 멎었다. 1598년 겨울 1대 심당길(沈當吉) 일행 42명이 표착한 해안이다. 주차장에 차를 세운 14대는 성큼성큼

해변으로 걸어가더니, 검은 빗돌 아래서 잡초를 한 움큼 뽑아냈다. 선조들의 도래 400주년을 앞두고 그가 세운 기념비다.

비석에는 '게이초(慶長) 3년 겨울, 우리들의 개조 이 땅에 상륙하다'고 새겨져 있다. 돌을 세운 경위를 설명하고 나서 그는 해안 바윗돌에 올라, 먼 지평선을 가리키며 고난의 역사를 설파했다. 조선을 떠난 피랍인 배는 3척이었다. 두 척은 맞은편 가고시마 해안에 상륙했는데, 그들의 조상 42명을 태운 배만 이곳에 표착하였다. 그 까닭은 아무도 모른다 하였다.

오랜 굶주림과 뱃멀미에 시달린 도공들은 뭍에 오르자마자 지쳐 쓰러졌다. 배안에서 숨을 거둔 사람도 있었다. 그 무덤들이 아직도 남아 있다. 아녀자들은 신음 섞인 울음을 그칠 줄 몰랐다. 당장 먹을 것과 바람을 피할 움막이 필요했지만 아무것도 없었다. 마른 풀과 잔가지를 꺾어다 움막을 짓고, 진흙을 파다가 가마부터 만들었다. 먹고 살 방도는 그것뿐이었다.

이상한 말을 쓰는 사람들이 구워내는 그릇은 곧 현지인 마을의 화제가 되었다. 곡식과 채소를 가져와 바꾸어 가기도 했고, 돈을 가져오는 사람도 있었다. 맨손으로 와 빼앗아가려는 무리도 있었다. 어느 날 왜인들이 떼지어 몰려온다는 말이 돌았다. 무리의 지도자 심당길과 박평의는 의논 끝에 마을을 버리기로 결정하였다.

유약과 공방 도구부터 챙겨 넣고 옷가지와 취사용품을 남부여대하고 하염없이 걷다가 발을 멈춘 곳이 나에시로가와였다. "여기 지형이 남원 천지와 너무 흡사하지 않은가!" 발길을 멈추고 짐을 내린 이유는 단 하나, 그들의 고향 남원 땅을 닮은 곳이라는 것이었다.

그곳에 새 둥지를 틀자마자 번 관리가 "모두 성하촌(城下村)으로 이주하라"는 명을 가져왔다. 성주 시마즈 요시히로의 명령이라 하였다. 마을 어른들은 단호히 거부하였다. "군부(君父)를 팔아먹은 원수와는 같은 하늘을 이고 살 수 없다"는 게 그 이유였다. 남원성 함락 때 요시히로 군을 지름길로 안내한 주가전(朱嘉全) 같은 자들이 거기 모여 산다는 것을 그들은 알고 있었던 것이다.

"그렇다면 어쩔 수 없으니 거기 그대로 살게 하라. 대신 그들의 조선인 혈통을 철저히 보전토록 하고, 도자기 생산을 적극 지원하라." 히데요시가 죽은 뒤 열도의 패권을 겨룬 세키가하라(關が原) 전투에서 돌아온 요시히로는 애써 붙잡아온 도공들이 생각난 듯, 적극적인 보호 정책을 펴기 시작하였다.

"도공 마을에 잡인의 출입을 금하라. 조선의 언어와 풍속을 이어가게 하고 반드시 동족끼리만 혼인케 하라. 한 번 결혼하면 이혼할 수 없게 하라. 도자기 생산에 필요한 지원을 아끼지 말라. 생산된 제품은 모두 성에 납입하라."

그런 보호·지원 정책에 힘입어 조선 도공 마을의 도자기 산업은 날로 융성하였다. 번의 지원을 받은 박평의가 백토를 발견한 뒤로 도자기 생산이 가능해졌다. 유명한 '시로 사쓰마(白薩摩)'의 탄생이다. 도자기란 자석(磁石)이 없이는 아름다운 색과 빛을 낼 수 없는

데, 흰 자석을 쓰게 되니 금상첨화였다.

당시 일본에서는 시로 사쓰마 한 점이 '일국일성(一國一城)에 값한다'는 말로 평가되었다. 차(茶) 문화는 발달했으나 다기(茶器)가 조잡했던 문명의 수준 탓이었다. 이렇게 양산된 사쓰마 야키는 번 재정에 엄청난 보물단지가 되었다. 나가사키항을 통해 외국에 수출하고 국내시장에도 출하해 막대한 수입을 거머쥘 수 있었다.

정유재란 때 일본의 무장들이 도공납치에 혈안이 되었던 까닭도 바로 그것이었다. 메이지 유신 때 사쓰마번이 죠슈(長州·야마구치)번과 함께 중추 역할을 한 것도 그에 힘입은 것이었다. 1873년 오스트리아 만국박람회에 출품한 12대 심수관 작품이 은상을 수상한 것을 계기로 사쓰마 야키는 국제적으로 유명해졌다.

심수관가 수장고에 있는 '히바카리'(ひばかり) 막사발은 일본 국보로 지정되어 있다. 이를 만든 도공도, 흙도, 유약도 모두 조선 것인데 오직 불 하나만 일본 것이라는 뜻이다. 사쓰마 야키 개조 심당길이 표착 초기에 만든 이 작품은 1998년 서울 일민미술관에서 열린 '400년 만의 귀향전'에 출품되어 화제가 되었다. 사쓰마 야키 400년 기념행사의 일환으로 14대가 주관한 전시회였다.

14대와의 두 번째 만남은 1993년 8월 대전엑스포 '한국도자기 비교·귀향전' 취재 때였다. 고국과 오랜 왕래가 있었던 그는 친한 도예작가들과 얼싸안고 재회의 기쁨을 나누었다. 말은 통하지 않아도 뜻이 통하는 것 같았다. 같은 처지지만 고국과 유대가 없어 서

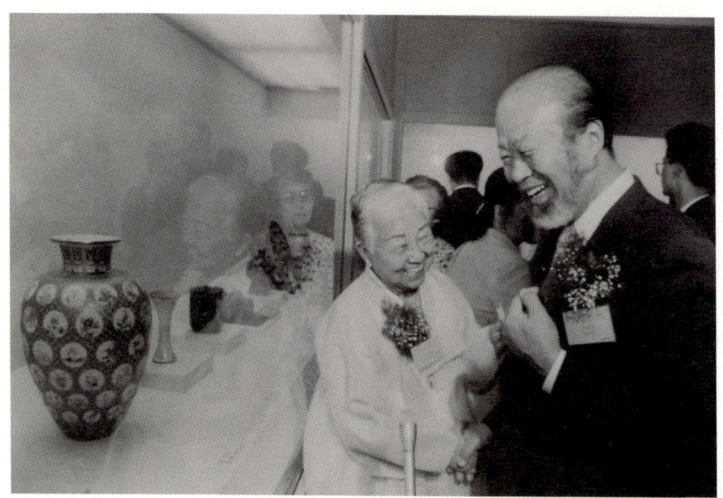

▲ 피랍도공 14대 심수관씨(우)가 복식학자 석주선씨와 손을 맞잡고 담소하면서 자신의 작품들을 설명하고 있다

먹서먹해 하는 도공 후예들에게는 친절한 가이드 역할을 했다.

일본 도자기의 신이 된 이삼평(李參平)의 12대 가네가에 산페에(錦が江三兵衛), 가라쓰 야키 13대 나카사토 다로에몽(中里太郎衛門), 다카도리 야키 12대 다카도리 하루산(高取八山), 하기 야키 12대 사카고라이 자에몽(坂高麗左衛門), 고다 야키 11대 아가노 사이스케(上野才助) 등이 비교·귀향전 출품자들이었다.

이들 가운데는 자신이 한국계라는 사실을 확신하지 못한다는 사람도 있었고, 조상이 어디서 붙잡혀 갔는지 확실한 연고지를 몰라 "이번 기회에 꼭 확인하고 싶다"는 사람도 있었다. 고국에 올 때마다 조상이 붙잡혀간 남원과 관향인 경북 청송을 찾아보는 14대와는 너무도 대조적인 삶이었다.

400년 만의 귀향전 때 그는 불까지 조국의 것으로 하자는 뜻으로 남원 교룡산성에서 채화된 불씨를 일본으로 '모셔가는' 행사를 주관했다. 그 불씨는 지금도 미야마 도유관(陶遊館)에서 꺼지지 않고 타오르고 있다. 후손들은 가마에 불을 지필 때마다 거기서 불씨를 채화한다.

400주년 기념행사들을 마친 뒤 14대는 "이제야 선대의 비원을 이루어 감회가 깊다. 특히 400년 사업을 부탁한 선친의 유언을 받들어 기쁘다" 했다. 그 모든 사업이 단군의 보살핌 덕분이었다고도 하였다.

인터뷰를 마치고 헤어질 때 귀중한 선물을 받았다. 돌아와서 열어보니 아름다운 꽃병이었다. 나무상자 안쪽의 친필 휘호에 감격하였다. '本是同根-14代 沈壽官(본시동근-14대 심수관)'. 생면부지의 특파원을 동족으로 대해준 따뜻한 마음이 오래도록 가슴에 남았다.

그가 심수관 도원 당주자리를 아들에게 물려 준지도 30년을 넘었다. 그는 이탈리아 유학에서 돌아온 아들을 다시 한국에 유학을 보냈다. 도예의 기본은 옹기 빚기에 있다는 이유였다. 그 아들의 아들도 벌써 공방과 가마를 드나들며 흙일을 배우고 있다.

올해 94세가 된 그는 16대를 습명하게 될 손자에게 흙일을 가르치고 있다. 근래 한국 특파원과의 인터뷰에서는 "거동이 불편해 2013년 이후 한국에 가지 못하고 있다"면서, 지금도 최후의 여행을 꿈꾸고 있다고 토로하였다. 일본어를 아는 택시 운전사를 만나 한국의 각 지방을 돌며 고향산천과 작별을 고하는 게 마지막 소원이라고도 하였다.

가는 길

가고시마역에서 JR가고시마본선 히가시이치키(東市來) 하차, 택시로 미야마(美山) 마을

- 히가시이치키
- 심수관 도요
- JR가고시마라인
- 가고시마주오초

5.

일본 도자기의 신,
아리타 야키 도조 이삼평

아리타 야키(有田燒)는 사쓰마 야키(薩摩燒)와 함께 일본 도예를 대표하는 브랜드다. 예술 도자기 이미지가 강한 사쓰마 야키에 비해, 아리타 야키는 생활 도자기 이미지를 띠고 있다.

한때는 유럽 시장에서 아리타 야키 한 점이 같은 무게의 금값으로 거래되기도 했다 한다. 그러나 전성기는 짧았다. 근세 일본의 잦은 전쟁과 경기 부침의 과정에서 생활 도자기·산업 도자기 이미지가 굳어져, 지금은 주부들의 사랑을 받는 주방 자기의 대명사가 되었다.

봄가을 이곳에서 열리는 축제 때는 도자기 파시가 형성된다. 인구 2만의 아리타 마을에 그 많은 요와 가게, 길거리 노점상마다 수북이 쌓아놓고 파는 기기(器機) 류와 미술공예품은 명성에 비해 값이 착하다. 이 도향이 갈수록 유명해지는 까닭이다. 봄 축제는 매년 2~3월, 도조제는 5월 4일부터고, 가을 축제는 11월 하순이다.

아리타는 규슈 서단의 사세보(佐世保)항에서 지척이다. 후쿠오카(福岡)나 사가(佐賀)시에서도 JR 사세보선(線) 열차로 쉽게 갈 수 있는 곳이다. 그러나 나고야성에 들러 가라쓰(唐津)로 되돌아 나와 찾아가려니 길이 멀고 복잡했다. 시외버스 편으로 규슈 북안의 항구 이마리(伊萬里)시를 거쳐, 다시 제3섹터 지선열차 편으로 갈아타고 갔다.

아리타역에 내려 안내 책자를 받아보니 한 정거장 거리의 가미아리타(上有田)역이 편할 것 같았다. 30분을 기다려 도착한 가미아리타역은 무인 간이역이었다. 길을 물어볼 데가 없어 같이 내린 노인에게 말을 붙이니 친절하게 가르쳐 주었다. 안내 지도를 손에 들고 처음 찾아간 곳은 자석광(磁石鑛) 이즈미야마(泉山). 일본 최초의 도자기 생산이 가능하게 했던, 히젠(肥前) 사가 번영의 원천이었던 역사의 현장이다.

아리타 야키의 시조 이삼평(李參平)이 이곳에서 발견한 자석을 원료로 아름다운 도자기를 생산하기 시작하자, 인근에 있던 조선 도공들이 앞다투어 몰려들었다. 손쉽게 자석 조달이 가능한 곳으로 가마를 옮겨온 것이다. 아무도 살지 않던 산골짜기 여기저기에 공방과 가마가 들어서고, 창고와 움막이 생겨났다. 세계적인 도자기 명소는 이렇게 탄생하였다.

이즈미야마 자석광은 대단한 볼거리다. 400년이 넘도록 자석을 채굴해 없어진 봉우리 자리에 학교 운동장 몇 배 넓이의 공터가 생겨났다. 콧구멍 같은 두 개의 갱도 안에서는 근년까지 자석이 채굴되었다.

자석광 입구에 우뚝 선 '李參平發見之磁鑛地(이삼평발견지자광지)'

▼ 아리타 자석광 이즈미야마

라는 높다란 돌기둥이 아리타 도자기 역사의 시발점임을 말하고 있다. 자광지 입구 우측 도로변 석장(石場) 신사에는 도조 이삼평의 좌상이 봉안되어 있다. 가까이 가보니 반질반질 윤이 나는 도자기 상이었다. '도자기의 신'에 대한 공경의 염이 담긴 것 같았다. 흰 두루마기 차림에 가부좌를 틀고 앉은 것이 영락없는 조선 도공의 모습이다. 근엄한 표정에는 망향의 수심과 고난의 기색도 깃들어 있는 것 같았다.

그는 죽어서 일본의 신이 되었으나 언제 어디서 어떻게 끌려갔는지 분명치 않다. 그의 출신지가 어디인지, 지금도 논란이 끊이지 않는다. 후손들도 정체성에 혼돈을 느낀다. 1993년 대전 엑스포 '한국의 도자기 귀향·비교전' 때 만난 13대손 가나가에 쇼헤이(金 が江省平)가 '귀향 의식'을 갖지 못하였던 것도 그 때문이었으리라.

공식적으로 그는 충청도 금강 마을 출신으로 되어 있다. 이삼평이 죽기 2년 전 스스로 작성해 남겼다는 고문서 〈金が江舊記(가나가에 옛 기록)〉에는 "정유재란 때 히젠 사가(佐賀) 번주 나베시마 나오시게(鍋島直茂) 휘하 무장에게 끌려와 그의 가신 다쿠 야스토시(多久安順)에게 맡겨졌다. 그는 금강도(金江島) 출신이었기 때문에 '가나가에(金が江)' 성을 갖게 되었으며, 다쿠(多久) 밑에서 18년 동안 도기를 만들었다"고 기록되어 있다.

금강도가 어디냐를 놓고 설왕설래 끝에 금강(錦江) 가까운 공주시 반포면 온천리라는 결론이 내려져, 1990년 공식 기념비가 세워졌다. 이삼평의 14대손도 "사가현에서는 공식적으로 연행이었다고 했다"고 말하였다(김충식, 〈슬픈 열도〉, 2006).

〈일본 도자기의 신〉이라는 역사소설에는 이삼평이 공주시 학봉리 출신이고, 남원 만복사 자기소에서 도공 수업을 받던 중 왜군에 납치되어 끌려갔다고 되어 있다. 아리타시 공무원 출신으로 2016년 아리타 도자기 400년 기념행사를 앞두고 오랜 문헌연구와 두 나라 역사 현장 취재로 이 소설을 쓴 요시지마 미키오(吉島幹夫·필명 구로카미 슈텐도)는 이삼평이 공주 학봉리 출신이고, 남원 운봉에서 왜군에게 잡혀 남해안 여러 곳의 왜성을 전전하다가 전쟁이 끝나 잡혀간 것으로 결론 내렸다. 임진왜란 당시 공주를 침략한 왜군에게 부모형제가 참살당한 그는 남원 만복사 사기소에서 도공수업을 받던 중이었고, 정유재란 피란길에 운봉 땅에서 나베시마 군에게 잡혔다는 것이다. 남원으로 가는 길 안내를 강요당한 것이 불행의 시작이었다는 이야기다. 나베시마 가신인 다쿠 야스토시 밑에서 오래 도기를 굽다가 자광을 발견해 아리타로 옮겨갔다는 것은 아리타 도자기 역사에 나오는 이야기와 같다.

반론도 있다. 아리타 첫 방문 때 동행했던 고 이진희(李進熙) 교수의 의견은 이와 달랐다. 정유재란 때 김해에서 잡혀갔다는 것이 그의 견해였다. 근거는 그때 나베시마가 김해 죽도왜성에서 농성한 사실이다. 성이 '가나가에(金が江)'로 바뀐 것도 '바다(海)가 강(江)으로 고쳐진 것이라고 보았다.

김해 출신설은 공주 출신설보다 연원이 깊다. 공주대 윤용혁 교수 논문 〈도조 이삼평, 그리고 아리타와 공주〉에 따르면 광복 전인 1937년에 일본학자 마와타리(馬渡八太郎)의 주장이 있었고, 광복 후에도 미카미(水上次男) 등 그의 학설을 이어받은 학자가 나왔다. '금강도'를 김해로 본 것이다. 규슈 지역에서 활동한 많은 조선 도공 대다수가 김해·웅천 등 경남 해안지역, 아니면 호남 지방 출신이고, 충청도 출신은 없다는 점, 나베시마 군이 충청도 지역에 간 일이 없다는 사실도 보조적인 근거다. 사실 학봉리는 계룡산 동학사에서 가까운 곳이고, 금강과는 10km 이상 떨어져 금강(錦江) 출신이라고 할 만한 조건과는 멀다.

반면 공주 출신설에는 공주 땅에 금강이 흐르고, 근년 이삼평 기념비가 세워진 공주시 반포면 학봉리가 유명한 분청사기 도요지였다는 사실이 크게 작용하였다. 1957년 나카지마(中島浩氣)가 학봉리 분청사기 가마와 연계해 주장한 것이 처음이었다. 아리타 사람들이 이 주장을 받아들여 1990년 학봉리 이웃 온천리에 기념비를 세움으로써 공주 출신설을 굳히게 되었다.

조선 도공 후예들을 중심으로 한 아리타 사람들은 성금을 모아 온천리에 이삼평 기념비를 세웠는데, 비문이 문제가 되어 한동안 시끄러웠다. "이삼평 공은 文綠慶長(문록경장)의 役(역) 때에 일본에 오시어 1616년 아리타에서 처음 도자기를 생산하였다"는 첫 문장이 문제였다. 마치 제 발로 일본에 간 것이라는 인상은 주는 '오시어'라는 말은 사실과 다르다는 것이었다.

　붙잡혀 끌려간 사람을 고향 땅에 그렇게 써넣을 수는 없다는 주장에 토를 달 사람은 없다. 임진·정유왜란의 일본식 표현인 '文綠慶長(문록경장)의 役(역)'이라 한 것도 마찬가지였다. 이 주장을 일본이 받아들여 '이삼평 공은 조선의 도공으로서 임진·정유의 왜란에 일본에 건너가게 되어'로 수정되었다. 온천리에 서 있던 비는 도로 확장 사업에 저촉되어 2016년 학봉리로 이전되었다. 공주시는 비 주변의 땅을 사들여 이삼평 공원으로 조성할 계획을 세우고 연차 사업으로 추진 중이다.

　이삼평은 처음 아리타 인근 다쿠(多久) 땅에서 처음 가마를 열었다. 자석이 없어 색이 어둡고 표면이 거친 도기만 구울 수밖에 없었다. 그러다가 번의 지원으로 1616년 아리타 이즈미야마(泉山)에서 질 좋은 자석을 발견하고부터 가마를 아리타 텐구다니(天拘谷) 골짜기로 옮겼다.

　그때부터 순백색의 자기와 분청사기가 생산되어 아리타는 황금알을 낳는 거위가 되었다. 36만석 사가번의 연간 미곡 생산량 총액이 10만 냥일 때, 아리타 야키 매출액이 8만 냥이었다는 기록이 그 성세를 웅변하고 있다.

　이삼평의 성공은 순식간에 아리타를 붐 타운으로 만들었다. 인근의 조선 도공들이 앞다투어 이 골짜기로 모여들어 가마와 공방을 차렸다. 텐구 골짜기에 여기저기 제도시설이 생겨나고, 냇가에는 자석을 찧어 자토를 만드는 물레방아 도광장이 밤낮으로 쿵쾅거렸다.

조선 도공에게 기술을 모방한 일본 도공까지 몰려들어 질서가 어지럽게 되자, 번은 강력한 요장(窯場) 정리에 나선다. 조선 도공과 그들에게서 제대로 기법을 수련한 극소수의 일본인을 포함한 155가구를 제외한 얼치기들을 다 추방하고, 골짜기 아래위에 검문소를 두어 사람과 물자의 이동을 철저히 단속하였다. 이때 쫓겨난 일본인 도공과 업계 종사자가 826명이었다니 초기 아리타의 상황이 눈에 잡힐 듯하다.

그런다고 황금알 낳는 기술이 지켜졌을까? 자취를 감춘 도공 하나를 잡으려고 걸인으로 위장한 번 관인들이 일본열도를 3년이나 찾아 헤맨 끝에 도망친 도공을 찾아내 목을 쳤다는 이야기가 있다. 도자기 기술을 독점하려는 히젠 사기번의 안간힘을 말해 주는 일화다.

아리타 야키의 후기 전성기는 바쿠후(幕府) 말기였다. 1873년 오스트리아 빈 만국박람회에서 아리타 야키가 금상을 받은 것이 계기였다. 높이 2m 가까운 화려한 꽃병 등 처음 보는 도자기 장식품들이 유럽 각국 왕실과 귀족사회의 호평을 산 것이다. 3년 후 미국 독립 100주년 기념 필라델피아 만국박람회에서 또다시 금상을 받게 되자 그 명성은 하늘을 찔렀다.

그때까지만 해도 도자기를 생산하는 나라는 한·중·일 3국에 베트남 정도였다. 임진왜란과 중국 명·청 교대기 내전으로 두 나라 도자기가 쇠퇴한 틈에 일본 도자기 문화만 꽃을 피운 것이다. 이삼평은 자기 애호가들의 입맛에 맞추기 위해 질 좋은 중국 안료(顔料)로 푸른 물감을 만들어 중국풍 그림을 그려 넣고 고열로 몇 번씩 구워냈다. 이 제품들이 'IMARI'라는 상표를 달고 네덜란드 동인도 회사를 통해 유럽에 수출되자 귀족사회의 수요가 폭발했다.

그때부터 유럽 상류사회 취향에 맞춘 작품들이 생산되어 '이마리(伊萬里) 도자기' 전성시대가 시작된다. 금색과 붉은색 안료를 많이 쓰는 중국풍 금란수(金襴手) 양식의 아리타 야키는 화려함의 극치라는 평가를 받았다. 최고 권력자 도쿠가와 쇼군(將軍) 가에까지 헌상되었을 정도다.

이삼평 시대 아리타 조선 도공들은 가끔 날을 잡아 함께 모여 술 마시고 놀았다. 번의 신임이 두터웠던 이삼평에 대한 배려였을 것이다. 그날은 즐겁게 마시고 망향의 정을 달래는 축제날이었다. 놀이에 고국의 노래와 춤이 빠질 수 없는 법. 고마 오도리(高麗踊り)라 불린 춤판이 벌어졌다. 이 전통은 오래지 않아 번의 금지령으로 끊기게 되었다. 술기운에 번에 대한 불만을 터뜨리지 않을까 걱정한 탓이었으리라.

맥이 끊어질 것이 두려워 도공들은 축제 때 고려 춤을 공연하게 해달라고 여러 차례 번에 읍소했지만 끝내 허락되지 않았다. 조선 풍속과 혈통을 이어가게 한 사쓰마번과 비교되는 시책이었다.

그들이 야유회를 벌이던 장소에는 지금 도산(陶山) 신사와 이삼평비가 우뚝 서 옛일을 증언하고 있다. 후세 도공들이 이삼평을 신으로 모신 도산 신사 위에 오벨리스크를 본뜬 거대한 비석을 세워 아리타 야키 300년을 기념한 것이다. 봄이면 벚꽃으로도 유명한 명소다.

신사는 골짜기를 따라 길게 늘어선 시가지 건너편 산비탈에 있다. 사세보선 철길을 건너 산록에서 직선으로 뻗어 오른 가파른 돌계단을 잠시 오르니, 이삼평을 신으로 모신 도산 신사가 나왔다. 돌계단 위에 하늘 '천(天)'자를 닮은 아름다운 도자기 도리이(鳥居)가 두 발을 크게 벌리고 서 있다. 일본에 하나뿐인 분청사기 도리이다. 도자기 마을다운 발상이다. 도리이 제작자의 성이 가나가에(金ヶ江長)인 것으로 보아 이삼평 후손의 작품인 것을 알겠다. 조상의 상도 도자기더니, 조상을 신으로 모신 신사 산문까지 도자기다.

신사는 이삼평 타계 3년 후인 1658년 창사되었는데, 처음에는 고대 오진(應神) 천황을 모시다가 후세에 이삼평과 사가 번주 나베시마를 합사하게 됐다고 한다. 아리타 마을이 생기자 신사를 짓고, 이웃 마을 이마리 하치만구(八幡宮) 신사에서 오진 신위를 분양받아 제신으로 삼았다.

이삼평과 나베시마가 도산 신사에 혼령이 합사된 것은 1917년 아리타 야키 300주년 때였다. 아리타 도자기 개조 이삼평을 신으로 떠받들면서, 자광발견을 지원하고 도공들이 안심하고 일할 수

▲ 아리타 도산 신사의 도조 이삼평비

있도록 보살폈다는 이유로 나베시마까지 합사한 것이다. 고인의 뜻과는 상관없이 붙잡힌 자와 붙잡은 자가 함께 제사 밥을 얻어먹는 형국이 되었다.

  도산 신사를 지나 한참을 더 오른다. 가쁜 숨을 몰아쉬어 가며 30분쯤 오른 자리에 하늘을 찌를 듯 '陶祖李參平碑(도조이삼평비)'가 서 있다. 높이 5m가 넘어 보였다. 화강암 비석 뒷면에 나베시마 후손이 글씨를 쓰고, 다이쇼(大正) 13년 10월에 세웠다는 비기가 새겨져 있다.

  해발 349m 봉우리 꼭대기에 화강암으로 대지(臺地)를 조성하고,

그 위에 세운 비석의 위용이 시가지를 압도하듯 우뚝하다. 비석 옆의 도판(陶板)에 새겨진 안내문에 '1616년 이삼평이 자광을 발견해 아리타 야키를 창업한지 300년을 기념해 건립하였다'는 내용이 적혀 있다.

비 오듯 흐르는 땀을 닦으며 아래를 굽어보자니, 골짜기를 따라 길게 형성된 일자형 아리타 마을이 한눈에 들어왔다. 27년 전 첫 방문 때와 크게 다르지 않은 풍광이었다. 한국 같았으면 그 사이 어떻게 변했을까 잠시 마음속으로 비교해 보았다. 문득 '천황을 모신 신사보다 훨씬 높은 곳에 비를 세운 일'에 마음이 쓰였다. 이삼평을 도조(陶祖) 신으로 추앙하고 숭모하는 아리타 사람들 마음이 아름답지 않은가.

비석 이름이 '陶祖李參平碑(도조이삼평비)'인 것도 눈여겨 볼 일이다. 이삼평은 일본에 끌려와 곧 가나가에 산페에(金ヶ江三兵衛)로 불렸다. 창업 300주년 기념사업 때 이삼평이라는 본명으로 비를 세운 것을 어떻게 보아야 할 것인가. 수많은 조선 도공의 후예들이 치열하게 주장하고 밀어붙이지 않았다면 관철되었을까. 일본이 조선을 식민지로 경영하던 시대였지만 조상의 얼을 잊지 않으려는 후손들의 효심 덕분에 도조는 지금까지 조선 이름으로 불리게 된 것이다.

산을 내려서니 어느덧 일본의 짧은 해가 저물었다. 인터넷으로 예약해둔 민숙(민박) 집을 찾아가려고 유명한 아리타관에 들러 지

번을 댔더니, 멀지 않은 곳이라고 친절히 가르쳐 주었다. 숙소에 들기 전에 저녁식사를 하고 가려는데 좀처럼 음식점 찾기가 어려웠다.

아픈 다리를 끌며 찾아든 곳마다 휴업이거나 영업시간 종료라 하였다. 먹거리 천국인 다른 도시들과 너무 다른 점이었다. 예술 도시의 품격을 말해주는 것 같았다. 물어물어 겨우 찾아낸 곳이 '갤러리 아리타'라는 유명한 도자기 식당이었다. 식사 후 벽면을 가득 장식한 2,000개의 찻잔 가운데 골라서 차를 받아 마실 수 있는 곳이었다.

다음날 새벽 6시 민숙집을 나와서도 마찬가지였다. 간단히 아침 끼니를 해결할 곳이 없었다. 나중에 편의점에 들르기로 하고 일찍부터 취재에 나섰다. 교통편도 마찬가지여서 어제처럼 걷기로 하였다. 이삼평 묘소는 멀지 않았다. 지도를 보니 아리타관에서 왼편 골목으로 접어들어 500m 쯤 떨어진 곳이었다.

아리타 소학교를 지나자 오른편으로 길가에 면한 공동묘지가 나왔다. 200여 평 되어 보이는 묘지 한가운데 '가나가에 산페에(金が江三兵衛)'라고 일본 이름이 적힌 팻말이 서 있었다. 반토막 난 묘비 앞에는 시든 꽃이 꽂혔다. 비면을 자세히 들여다보니 맨 위의 '祖(조)'자와 '月窓淨心居士(월창정심거사)'는 분명한데 다른 글자는 판독이 어려웠다. 그는 아마도 불교에 귀의해 월창이라는 계명을 가졌던 듯하다.

"1967년 아리타 용천사에서 사망자 이름과 수계명(受戒名)을 적은 옛 기록이 발견되었는데, 거기에 '월창정인月窓淨人 삼병위三兵衛 명력원년明曆元年 을미乙未 8월月 11일日'이라 적혀있다"는 유홍준 교수의 고증은 귀국 후 〈나의 문화유산 답사기〉 일본 편을 보

▲ 아리타 공동묘지의 이삼평 묘비

고 알았다. 이삼평의 이름과 몰년(1655년)이 일치하는 기록이다.

묘소에서 불과 100m 남짓 상류 쪽에 텐구다니 옛 가마터가 있다. 20도는 되어 보이는 비탈에 계단식으로 된 가마터 두 기가 잘 정비되어 있었다. 눈에 보이는 것은 둘뿐이지만 발굴조사 결과 네

기가 확인되었다 한다. 일본 최초의 도자기 생산현장, 일본의 사적지로 지정된 곳이다. 제일 아래쪽 아궁이에 불을 지피면 위로 불길이 치솟으며 여러 방에서 그릇이 구워졌으리라.

가마 아래쪽 마을에 '사라야마 대관소(皿山代官所) 자리'라는 안내판이 서 있다. 대관소란 번 관리가 상주하던 곳이다. 도자기 생산과 유통에 관련된 일체의 행위가 일일이 관리되고 체크되었을 옛일이 파노라마처럼 떠올랐다.

골짜기를 따라 흐르는 냇가에는 지금도 광석을 찧던 물레방아가 남아 있다. 돌을 분쇄하여 가루로 만드는 일을 인력으로는 감당하기 어려워 수력을 이용했던 도광시설의 잔재다. 냇가를 따라 이런 물레방아간이 줄지어 있었다니, 한창 도업이 번성했던 시대의 풍경을 짐작할 만했다.

이삼평은 가마와 공방과 도광장이 있던 이 골짜기 시라카와(白川) 마을에 살았다. 밥 먹으면 일터로 나가 종일 물레를 돌려 작품을 만들거나 굽고, 저물면 돌아와 잠자는 일상의 연속이었으리라. 그렇게 생산한 작품들은 모두 번에 납입되고, 작가는 걱정 없이 먹고 산 정도의 기계 같은 일상. 그 후손들에게 번듯한 무엇 하나 남겨준 것이 없는 것으로 보아 이 짐작은 틀리지 않을 것이다.

그와 동료들의 헌신으로 사가번과 일본은 번영을 구가하게 되었다. 취재를 마치고 들른 사가시 번화가에는 옛 영화 재현의 염원을 담은 깃발이 거리마다 펄럭이고 있었다. '150년 전의 사가에 힌트가 있다'는 깃발의 메시지에 사가 도예에의 향수가 짙게 배어있는 것 같았다.

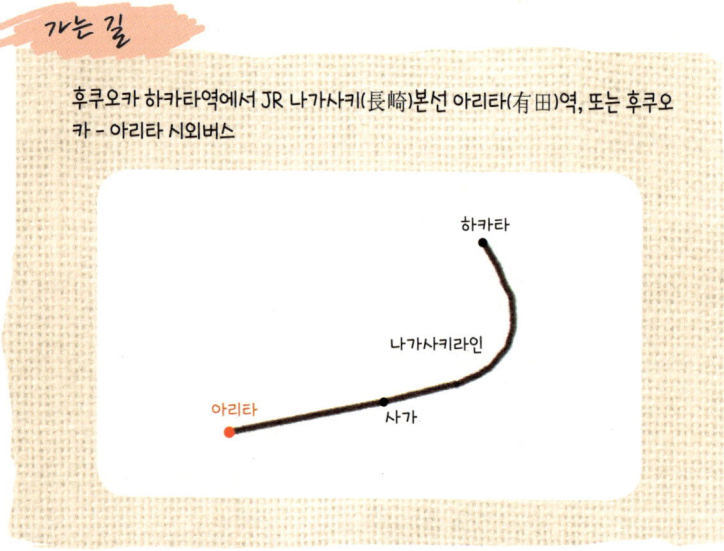

가는 길

후쿠오카 하카타역에서 JR 나가사키(長崎)본선 아리타(有田)역, 또는 후쿠오카 – 아리타 시외버스

6.

유배지 고즈시마의 조선 여인, 오타 줄리아

오타 줄리아(大田ジュリア ? ~1651)는 한국 천주교 신자들에게 성녀(聖女)처럼 살았던 불행한 조선 여인으로 기억된다. 훌륭한 성인이나 복자여서가 아니다. 일본의 절대 권력자 도쿠가와 이에야스의 수청 요구를 거부한 죄로 절해고도에 유배되어 고통을 당하면서도 신앙을 지킨 고결한 인간으로 존경하는 것이다. 해마다 일본 동쪽 외딴섬 고즈시마(神津島)에서 열리는 줄리아 제(祭)에 한국인 신자들이 몰려가는 이유다.

오타(大田)는 일본식 이름이고, 줄리아는 세례명이다. 조선 여인이었지만 우리 이름을 알 길이 없어, 400년이 넘도록 그렇게 불리는 사실 자체가 역사적 비극이다. 이름만 모르는 게 아니다. 언제, 어디서, 어떻게, 왜 붙잡혀 갔으며, 몇 살 때였는지, 부모의 신분이 무엇이었는지 아무것도 분명한 게 없다.

역사적인 사실은 임진왜란 때 고니시 유키나가 휘하 장수에게 붙잡혀 일본에서 세례를 받은 천주교인이었고, 도쿠가와 궁의 시녀 시절 금교령을 어긴 죄로 낙도에서 오랜 유배생활을 했다는 것 정도다. 그것은 당시 일본에서 선교활동을 하던 신부들이 로마 선교회 본부에 보낸 보고 서한 같은 기록에 나오는 짧은 언급에 기초한 것들이다.

일본이나 조선의 역사적 문서, 근년의 두 나라 문헌 어디에도 충실한 기록이 없다. 당시 일본에서 활동하던 사제 메디나 신부의 보고 서한에 실린 단편적 사실과, 전설처럼 전해지는 민화를 근거로 한 소설류가 줄리아 이야기의 원천이다. 그런 이야기에 나오는 줄리아의 신분은 일반 서민의 딸, 양반이나 귀족의 딸 등 다양하다. 심지어 왕녀로 미화된 것까지 있다.

일본 작가 모리 레이코(森禮子)의 소설 〈삼채의 여인(三彩の女)〉(1983)에는 줄리아가 경남 남강 강변에서 붙잡힌 양반의 막내딸로 나온다. 오타라는 일본 이름을 갖게 된 경위에 대해서는 도공이었던 양아버지가 '얻어온 애' '얻어왔다' 같은 말을 반복, 왜병들이 이름으로 잘못 알아들어 '오타'가 되었다고 쓰여 있다. 붙잡힐 때 엄마의 시신 옆에 삼채의 장식이 있는 은장도가 놓여있었다는 사실

이 양반의 딸이라는 근거였다. 소녀의 어머니가 왜병에게 몸을 더럽히지 않으려고 은장도로 자결한 상황을 묘사한 것이다.

소녀는 처음 고니시 유키나가의 딸이며 쓰시마(對馬島) 영주 소 요시토시(宗義智)의 처 마리아에게 신병이 넘겨졌다. 나가사키의 수도원에서 살 때 모레혼(Morejon) 신부에게 세례를 받았다. 운명이 기울게 된 계기는 일본의 패권을 겨룬 세키가하라(關が原) 전투 때 서군에 가담했던 유키나가의 전사였다. 슨푸성(駿府城·시즈오카)으로 물러나 있던 도쿠가와 처소에 동군의 전리품이 되어 끌려간 것이다. 쇼군(將軍) 직을 아들에게 물려주었지만 이에야스는 변함없는 절대 권력자였다.

줄리아가 그의 수청 들기를 거부한 일은 뮤노스 신부가 마닐라 교구장에게 보고한 서한에 간략히 나온다. 그는 "줄리아가 쇼군의 첩이라고 생각해 성체를 주지 않았다"고 밝히고, "어느 날 그녀(줄리아)가 말하기를 만약 쇼군이 불러도 그의 요구를 들어주느니 차라리 죽음을 택하겠다고 말했다"고 보고한 대목이다.

〈삼채의 여인〉에는 침소에 불려가 몸을 더럽힐 위기에 몰리자 은장도로 자결하려 한 것이 이에야스를 위협한 것으로 몰렸다고 묘사되어 있다. 그 뒤로도 몇 차례 불려갔으나 끝내 말을 듣지 않아 줄리아는 금교령 위반이란 죄목으로 낙도 유배형을 받게 된다. 그때의 일을 1613년 1월 12일 자 예수회 총장신부에게 보낸 보고서한은 이렇게 기록하였다.

"그녀는 임진년 전쟁에서 붙잡혀 온 불쌍한 외국인이지만 궁궐에서 인정받는 위치에 올랐습니다. 그녀는 조선에서 태어난 제가 지상의 왕(이에야스)을 기쁘게 하려고 쓰노가미 도노(津守殿·고니시 유키나가)를 통하여 일본에 와서 섬기게 된 하느님을 불편하게 할 수는 없다고 말했습니다. 줄리아는 계율을 수호하는 일에 열심이었지만, 끝내 왕명을 따르지 듣지 않아 1612년 4월 20일 오시마(大島)섬으로 쫓겨 갔습니다."

귀양 가는 배를 타기 위해 아지로(網代) 항구로 갈 때 줄리아는 처형장에 끌려간 예수가 그랬듯이, 맨발로 산길을 걸어 발이 피투성이가 되었다고 서한에 적혀 있다. 오시마섬에서의 귀양살이 한

▲ 고즈시마 언덕에 우뚝 선 줄리아 십자가

달 만에 "이제라도 배교하면 돌아올 수 있다"는 연락을 받았다. 이를 거부하자 더 먼 니이지마(新島)로 보내졌고, 다시 회유를 차버리자 절해고도 고즈시마로 이송되었다. 어부 몇 가구가 사는 외딴섬이어서 정기 선편도 없는 낙도 중의 낙도였다. 도쿄에서 180km나 떨어진 그곳에서 줄리아는 움막을 짓고 함께 유배된 신자와 서로 의지하며 독실한 신앙생활을 시작하였다.

고즈시마에 가 본 것은 1991년 5월 제22회 줄리아 마쓰리(祭) 때였다. 일본인 천주교 신자들 권유로 도쿄항에서 밤배를 타고 11시간을 갔다. 천주교 도쿄교구 창설 100주년 기념을 겸한 행사여서 한일 양국 신자들이 수백 명 모여 들었다.

아침햇살을 받으며 선착장에 배가 닿자 언덕 위에 설치된 커다란 십자가가 일행을 맞아주었다. 마을 한가운데 마련된 행사장은 온통 꽃과 깃발로 장식되었다. 유인묘지(流人墓地)라는 안내판 안쪽의 묘소에서 두 나라 신자들이 줄지어 국화송이를 봉헌하고 합장하며 기도를 올리는 의식은 경건하였다.

줄리아 묘소라는 것은 어른 키 높이의 불교식 돌탑이었다. 탑 위에 조선기와 모양의 덮개돌을 얹고 탑신에 십자가 형상이 음각되어 있었다. 그 앞에 합장하고 소원을 빌면 부인병에 특효가 있다고 주민들은 그 탑을 '호도사마'(寶塔樣)라 부른다 하였다.

그 옆에는 근래에 세운 고절 현창비가 서 있었는데, 비면에 한복 차림의 줄리아 초상화가 놓이고, 그 위아래에 치마저고리를 입힌 형상이 눈길을 끌었다. 행사가 끝난 뒤 아침에 본 십자가를 찾아갔다. 바다가 한눈에 내려다보이는 곳에 선 십자가는 높이가 10m쯤 돼 보였다. 그 자리에 서니까 해배(解配)를 간구하면서 기도하는 유형인의 모습이 연상되었다. 이틀 동안 줄리아 이야기만 듣고 뜻깊은 축제에 참석한 탓이었으리라.

섬의 사토(佐藤治雄) 촌장은 줄리아가 고즈시마에서 61세 때 순교했다고 말했다. 그러나 근년 발굴된 선교사 서한에는 줄리아가 거기서 풀려나 나가사키와 오사카에서 선교생활을 하다가 생을 마쳤다고 되어 있다. 1622년 2월 15일 프란시스코 빠체코 신부가 예수회에 보낸 보고서에는 "꼬레안 오타 줄리아는 신앙 때문에 박해받았고, 지금은 오사카에 있습니다. 저는 그를 도와 왔고, 지금도 힘껏 돕고 있습니다"라는 내용이 들어 있다.

▲ 고즈시마 마을 한가운데 공터에 자리잡고있는 오타 줄리아 현창비

그가 해배된 것은 1619년이었다는 기록이 있다. 일본 천주교의 요람인 나가사키에서 활동하다가 오사카로 옮겨간 것이 1622년이었다. 거기서는 콘프라디아(Confradia) 라는 신자 모임에 참여하여 가난한 여자들에게 교리를 가르치는 일을 한 것으로 전해진다. 한국 천주교 400년사에도 그렇게 되어 있다.

이 사실 때문에 서울 절두산 성지의 줄리아 묘소가 없어졌다고 2010년 한 종교 매체가 보도하였다. "고즈시마에서 순교한 사실이 없는데 그곳에서 가져온 흙으로 묘소를 만든 것이 무슨 의미가 있느냐"는 반론 때문이었다 한다.

포로로 잡혀간 조선인들 중에 천주교를 믿는 사람이 많았던 것은 서양 선교사나 사제들의 여러 기록으로 증명된다. 그 속에는 극한의 고통을 참아내고 고결하게 순교한 이름 모를 순교자들 이야기가 단편적으로 소개되어 있다. 1869년 출간된 레온 파제스의 〈일본 기리시단 종문사〉에 나오는 조선 여인 이사벨라와 막센시아 이야기가 대표적이다.

나가사키에 살던 세례명 이사벨라는 기리시단(切支丹 · 크리스찬의 일본식 표기)이란 이유로 남편과 함께 나가사키 부교(奉行 · 행정관)청에 끌려갔다. 고문이 시작되자 남편은 쉽사리 투항했다. 다른 신자가 모진 고문을 당하는 것을 보는 것만으로도 견디기 어려운 고통이었던 것이다. 그러나 이사벨라는 달랐다. 상상할 수 없는 인내로 고문을 이겨냈다.

후미에(踏繪·성화를 밟게 하는 것)를 거부하거나, 보기에도 끔찍한 기구를 사용하는 고문에 꺾이지 않는 신자들은 산으로 데려갔다. 옷을 벗기고 뜨거운 온천물을 퍼붓는 고문이 기다리는 곳이었다. 그것을 '야마 아가리'(山上)라 했다. 신자들은 그 고문을 '입산한다'는 말로 표현하였다.

나가사키 가까운 시마바라(島原)반도에 운젠(雲仙)이라는 유명한 화산온천이 있다. 1991년 6월 대폭발로 34명이 희생당한 뉴스로 유명했던 운젠 다케(岳)다. 그 산의 온천은 뜨겁기로 유명하다. 1629년 나가사키 부교청은 6,000여 명의 천주교 신자들을 붙잡아 그곳으로 끌고 갔다.

대부분은 온천고문에 겁을 먹고 첫 관문에서 신앙을 포기하였다. 천주교를 버리고 불교로 개종하겠다는 서약을 하면 방면이었다. 그러나 이사벨라는 요지부동이었다. "남편이 개종했으니 여필종부(女必從夫)가 도리 아니냐?" "여기는 일본이니 일본법과 관습을 따라야 한다." 이런 종용에도 끝내 묵묵부답하며 고개를 저었다.

화가 난 관헌들은 그녀의 입에 재갈을 물리고 머리에 돌을 얹었다. "돌이 떨어지면 변심한 것으로 간주하겠으니 조심하라"고 일렀다. 이 말에 대한 이사벨라의 응답은 놀라웠다. "제게 그런 능력은 없습니다. 돌이 떨어진다고 제가 배교한 것은 아닙니다." 할 말이 없어진 관헌들은 다른 방법을 써서 고문을 계속했지만 끝내 그녀의 신심을 꺾을 수 없었다.

고문을 가할 때 여러 가지 이적이 일어났다는 이야기가 당시 나가사키 시정에 떠돌았다. "펄펄 끓는 온천에 집어넣으려고 그녀를 데리고 가자 갑자기 날이 어두워지면서 끓는 온천물이 사방으로 튀어 관헌들이 달아났다"느니, "세 살배기 사내아이가 온천물에서 걸어 나왔다"느니, "머리 위에 올린 돌이 전혀 무겁지 않다고 했다"느니, 하는 소문이 널리 퍼졌다. 사람들은 세 살배기의 출현이 하느님의 현신이었다고 떠들었다.

시마바라 번주(藩主) 아리마 나오즈미(有馬直純)의 시녀 막센시아의 신심도 유명하였다. 지하 감방 돌기둥에 묶여 8일 동안 먹지도 마시지도 못하는 극한상황에서도 그녀는 배고픔을 몰랐다 한다. 꿈인지 생시인지 모를 어느 날 밤 귀부인들이 찾아와 베풀어준 음식을 맛있게 먹었다는 것이었다. 그러고도 12일을 더 먹지도 마시지도 못하고 감방에 누워 있었지만 그녀는 죽지 않았다.

정반대로 영주의 왕비가 되어 호강한 사람도 있다. 비록 측실이기는 했지만 한 성의 왕비가 되어 후손의 제사를 받는 사람의 이야기다.

그 이름은 'かくせい'(가쿠세이), 즉 '각시'라는 우리말에서 유래된 슬픈 이름이다. 한자로는 '廓淸' '岳淸' '加久世伊'로 표기되었다. 그것은 극히 예외적으로 이름을 말하거나 쓸 때의 일이고, 평소에는

'보리님'(おむぎさま)으로 불렸다. '무기(むぎ)'란 보리(麥)를 뜻한다. 그녀가 보리밭에서 붙잡혀왔다 해서 붙은 이름이다.

재일 언론인 윤달세(尹達世)의 기행문 〈400년의 오랜 세월〉에 따르면 보리님은 정유재란이 끝나고 철수할 때 히라도(平戶) 성주 마쓰우라 시게노부(松浦鎭信)에게 붙잡혀간 도공 무리의 일원이었다. 시게노부는 유키나가 휘하의 장수로, 3,000명의 군대를 이끌고 출진했었다. 그의 후손 마쓰우라 세이잔(松浦靜山)이 남긴 기록 〈갑자야화(甲子夜話)〉에는 "우리 성 아래 고마 마치(高麗町)라는 마을이 있었는데, 시게노부 할아버지가 '조선의 역'(임진왜란) 때 포로로 데려온 사람들이 살던 곳"이라고 설명되어 있다.

마을 도로변 안내판에 적힌 유래는 좀 더 구체적이다. "1598년 정월 히라도 번주 마쓰우라 시게노부가 조선에서 귀국할 때 거관(巨關)을 비롯해 수십 명을 데리고 와 이 땅에 살게 하고 제도(製陶)에 종사케 했다. 여기가 히라도 야키(平戶燒)의 발상지이고, 고마 마치 기원이다." 거관이란 인물은 히라도 야키 시조가 된 유명한 도공이었다.

히라도 시내 네시코(根獅子)라는 곳에 있는 보리님 묘소 안내판에도 약간의 자료가 적혀 있다. "히데요시의 조선정벌 때 마쓰우라 공이 적지 조선에서 정찰 중 보리밭 그늘에 숨어 있던 처녀 한 사람을 발견했는데, 마음씨도 얼굴도 고운 미인이어서 개선할 때 데리고 돌아왔다."

〈나가사키현 역사산보〉라는 팸플릿을 인용한 김달수의 〈조선 속의 일본문화〉에는 더 구체적인 이야기가 실려 있다. 유키나가를 추종해 수도 한양을 점령한 시게노부가 어느 날 성 밖을 둘러보다가 보리밭 속에 신분이 높아 보이는 여자가 숨어 있는 것을 발견하였다. 왕의 몽진 행렬에서 낙오된 왕가 일족 같았다. 굉장한 미인이어서 진중에 살면서 시게노부의 총애를 받았다. 귀국할 때 임신 중이었던 여자는 배 안에서 사내아이를 낳았다.

엽색행각 비난이 두려웠던 시게노부는 아이를 이키(壹岐)섬 해안에 버리게 하고 여자만 데리고 돌아가 측실로 삼았다. 첫 아이를 잊지 못한 그녀는 백방으로 수배해 뱃사공이 키우고 있던 아이를 찾아 시게노부의 차남(松浦藏人)으로 입적시켰다. 그 덕에 그녀는 평생 호강을 할 수 있었다. 아들이 유산 3,000석을 물려받아 당당한 호족 가문을 일으킨 것이었다.

그녀는 죽어서도 호강을 하였다. 유택을 두 군데나 갖게 된 것이다. 공식 묘소는 시게노부의 보리사인 히라도 사이교지(最敎寺)에 있다. 측실로서 그런 곳에 묻힌 것은 그녀를 사랑했던 시게노부의 유지였으리라. 또 하나의 유택은 안내판이 설치된 네시코의 묘소다.

조선 중기의 문신 강홍중(姜弘重)이 일본에 사신으로 다녀와 조정에 올린 보고서 〈동사록(東槎錄)〉에 나오는 이야기는 좀 다르다. 1624년 8월부터 8개월간 일본에 다녀온 그의 글에는 보리님이 창원 출신이라고 되어 있다. 또 〈나가사키현 역사산책〉에는 "조선 14대 소경왕(昭敬王·선조)의 공주 곽청희(廓淸姬)라고 하는데 확실치 않다"고 나와 있다.

보리님이 선조의 딸이라는 것은 국내의 문헌으로는 확인되지 않는 이야기다. 이름을 곽청희라고 한 것은 '가쿠세이'라는 통칭에서 비롯된 것으로 보인다. 끝 글자 '姬'는 여자를 뜻하는 말 히메(ひめ)를 가져다 붙인 것 같은데, "왕의 몽진 길에서 낙오된 것 같았다"는 이야기가 부풀려진 '소설'로 보아야 할 것이다.

히라도는 일본열도 서쪽 규슈에서도 최서단의 섬이지만, 이제는 연륙이 되어 쉽게 갈 수 있는 곳이다. 제주 올레길 열풍으로 규슈 지역에 생긴 '히라도 올레'는 한국인들의 발길이 끊이지 않는다. 임진왜란 출진기지 나고야성을 거쳐 가는 코스도 있고, 히라도섬으로 바로 가는 여행상품도 있다.

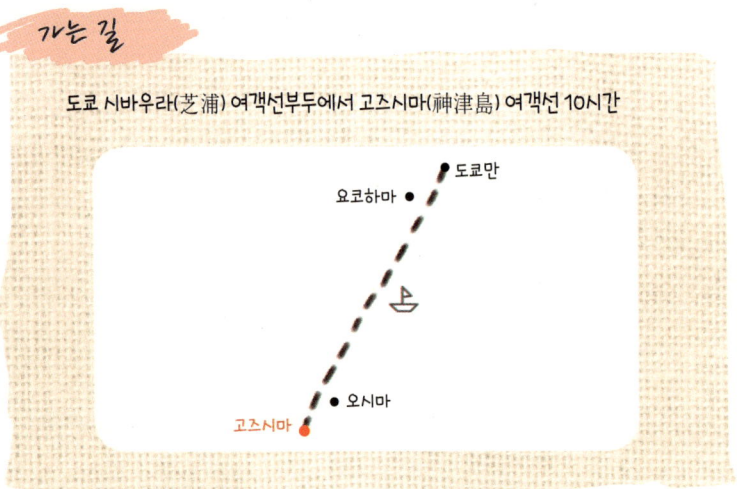

가는 길

도쿄 시바우라(芝浦) 여객선부두에서 고즈시마(神津島) 여객선 10시간

7.

피랍인
홍호연, 여대남, 일연상인

'파란만장'이란 말로는 다 할 수 없다. 임진·정유 양란 때 일본에 잡혀간 사람들의 운명은 파란만장(波瀾萬丈)·파란중첩(波瀾重疊) 같은 말로는 너무 부족하다. 어느 누구의 경우에도 기록이 없어 후세들이 모르고 살아갈 뿐이다. 설사 기록이 있다한들 적국에 끌려가 겪은 그 간난과 신고를 글로 어찌 다 표현할까.

잡아간 무장에게 능력을 인정받아 성공한 사람들의 경우도 크게 다르지 않았다. 일본인들의 존경을 받았던 홍호연(洪浩然 1581~1657), 여대남(余大男 1580~1659), 일연상인(日延上人) 같은 이들은 성글지만 기록이 남아 정신세계의 일면까지 들여다볼 수 있다.

특히 홍호연과 여대남의 고국병과 부모 그리는 정은 너무도 드라마틱하다.

홍호연은 대를 이어 일본인 주군에게 충성을 바치다가 순사(殉死)했다는 기록이 전해온다. 순사라니! 고대 중국에서도 비인간적이라 하여 토우를 만들어 무덤에 넣는 것으로 대신했는데, 17세기 후반까지도 그런 야만적인 제도가 이어져 왔다니 놀랍다. 그것도 한두 사람이 아니라 무려 26명이었다. 벌어진 입을 다물기 어려운 일이다. 순사자를 따라 죽은 사람도 있다. 그 명단에 조선인이 셋이나 끼여 있어 또 한 번 놀라지 않을 수 없다.

홍호연은 열두어 살 어린 나이에 사가(佐賀) 영주 나베시마 나오시게(鍋島直茂) 군에게 잡혔다. 후손들이 쓴 〈홍호연전(洪浩然傳)〉에 따르면 제2차 진주성 전투 때 경남 산청군 산골 어느 동굴에 숨어있던 한 소년이 왜군에게 발견되었다. 왜병 하나가 개 짓는 소리가 시끄러워 찾아가 보았더니, 웬 소년이 큰 붓을 어깨에 걸쳐 메고 동굴 속에 숨어 있었다.

그의 장형 홍성해(洪成海)의 문집 〈오촌선생실기(五村先生實記)〉에 따르면 제2차 진주성 전투 때 왜병들이 산청군 오부면 중촌리 남양홍씨 집성촌에 들이닥쳤다. 급박한 피란길에서 그는 가족과 헤어져 바위굴 속에 숨었다. 4형제 중 막내였던 그는 피란길에도 큰 붓을 어깨에 메고 갈만큼 글씨 쓰기를 좋아했던 모양이다.

남양 홍씨 족보에 올라 있는 그의 이름은 운해(雲海)인데, 어떤 경위로 호연(浩然)이 되었는지는 분명치 않다. 나오시게 가문에 전해오는 문서 〈나오시게 공보(直茂公譜)〉에 따르면 "홍씨의 관인이었기에 호연이라고도 하였다. 공은 깊은 친절함을 더해 사가 성 아래에 그를 두고 항상 자신의 곁에 불렀다"고 되어 있다. 호연지기(浩然之氣)라는 말과 관련이 있지 않을까 싶은데, 정확한 경위는 알 수 없다.

왜병에게 끌려간 소년은 곧 나오시게에게 보내졌다. 피란 상황에서도 큰 붓을 어깨에 메고 있는 것을 범상치 않게 본 나오시게는 그를 부하 장수 다쿠 야스토시(多久安順)에게 맡겨 보호하게 하였다. 이삼평을 보호했던 다쿠 성 영주이다.

전쟁이 끝나 귀국한 나오시게는 소년을 불러 테스트를 해보고 또 놀라게 된다. 글씨가 보통솜씨가 아니었던 것이다. 글씨뿐만 아니라 시와 경에도 밝은 신동에게 감탄해 곁에 두고 총애하였다. 그가 장성하자 녹미 100석을 내려 넉넉하게 살도록 보살폈다. 포로 신세에서 무사 대접을 받게 된 것이다.

성인이 되어 그는 다쿠의 가신 에조에 이우에몬(江副伊右衛門)의 딸과 결혼하였다. 얼마 안 되어 상처를 하자 다쿠의 또 다른 가신의 딸을 후처로 맞아들였다. 이 모두가 주군 나오시게의 배려였다. 그만큼 총애를 받았다는 증거일 것이다.

나오시게가 죽고 그의 아들 가쓰시게(鍋島勝茂 1607~1657)가 영주가 되자 그는 교토(京都) 오산에 유학하는 특혜를 받게 된다. 오산이란 불교학과 한학 연구로 유명했던 다섯 개의 사찰(南禪寺·天龍寺·建仁寺·東福寺·萬壽寺)을 말한다.

유학을 마치고 사가로 돌아가 가쓰시게의 가신이 된 그는 학문과 서예에 관한 일을 맡아, 많은 작품을 남겼다. 사가번과 연이 있는 사찰이나 신사 같은 곳의 편액과 현판, 도리이의 명문, 백낙천(白樂天)의 장한가(長恨歌) 등 당송시대 시인들의 시문서 등이다. 그의 글씨는 획의 처음과 끝에 힘이 많이 들어간 것이 특징인데, 획마다 혹이 달린 것 같다는 평판 때문에 '혹부리 노인'이라는 별명까지 얻었다.

타국에 끌려와 누리는 명예와 부귀에 초월한 듯, 그는 만년에 홀로 귀국하게 해 달라고 청원한다. 〈홍호연전〉에는 타국인으로서 측근에서 주군을 모시게 된 은혜에 대한 감사를 표한 뒤 "이제는 나이가 들어 좀처럼 도울 일도 없어졌으니 자리에서 물러나 조선으로 돌아갔으면 합니다. 저를 가엾게 여기신다면 아무쪼록 허락해 주소서" 하는 청원서 내용이 들어 있다.

가쓰시게는 일단 그 청원을 받아들였다. 호연이 행장을 차리고 사가를 떠나 조선으로 가는 배를 타려고 가라쓰(唐津)에 당도할 무렵 관리가 급히 말을 달려 그를 따라잡았다. 국경의 번소(番所)마다 호연을 붙잡아 두라는 명이 떨어진 것이다. "너무 섭섭해서 안 되겠다"는 것이 붙잡은 이유였다.

"지금까지 큰 은혜를 입었는데 지금 또 머물러 있으란 말씀은 참으로 고맙고 송구하옵니다. 그리하오면 늙고 병들었으니 봉록은 반만 주시고 나머지는 자손에게 상속되도록 허락해주시기 바라옵니다." 번에 되돌아간 호연은 자식의 앞날을 위해 그렇게 부탁하였다.

그리고 70세가 되어 다시 한 번 귀국을 시도하였다. "이제 나이가 들어 허리가 활처럼 휘었으니 부디 조선의 선영에 해골이 묻히게 해달라"는 시를 지어 바쳤다. 이번에도 가쓰시게는 귀국을 허락했다. 그러나 지난번과 똑같이 가라쓰에서 그를 주저앉혔다.

자식에게 봉록을 상속하게 해 달라는 부탁으로 보아 혼자 돌아가는 길이었을 터이다. 처자를 남겨두고 혼자 돌아가 고국 땅에 묻히기를 두 번이나 시도했을 만큼, 망향의 한이 깊었음을 말해주는 이야기다.

체념의 나날을 보내던 1657년 어느 날 에도(江戶·도쿄)에서 주군의 부음이 날아왔다. 3월 24일 가쓰시게가 사망했다는 소식이었다. 그로부터 보름째인 4월 8일 그는 아미타지(阿彌陀寺)에서 할복하여 주군의 뒤를 따라갔다.

나오시게 문서에는 호연의 순사와 관련하여 "비루불건(悲漏不乾) 제수불감(啼愁不堪)하여 순사를 이루었다"고 적혀 있다. 너무 슬퍼하여 눈물이 마르지 않았고, 수심을 견디지 못하여 자진했다는 뜻이다. 가쓰시게 2세 문서인 〈가쓰시게 연보(勝茂年譜)〉에는 그의 이름이 순사자 명단 18번째에 '고 요베에(洪兵衛)'라고 적혀 있는

데, 호연(浩然) 말고 무사다운 이 이름도 같이 쓰였음을 알 수 있다.

자진하기 전 그는 자식들에게 유명한 '인(忍)'자 유묵을 남겼다. 큰 글자 '忍' 아래에 '인즉심지보(忍則心之寶) 불인즉신지앙(不忍則身之殃)'이 두 줄로 씌어 있다. 참는 것이 몸에 보배요, 참지 못함은 몸에 재앙이라는 뜻이다.

마음의 고초가 어떠하였기에 이런 유언을 남긴단 말인가. 평생을 어떻게 살았는지 말해주는 핏빛 생활철학이다. 순사를 결행하려고 아미타지로 떠나는 가마를 가로막은 가족이 지필묵을 건네며 유언을 달라 했다는 이야기가 전해져 온다.

그의 인생철학을 말해주는 작품 중에는 유명한 '편주의불망(扁舟意不忘)'이 있다. 작은 배를 타고 온 뜻을 결코 잊지 말라는 뜻이다. 작은 배를 다고 온다는 것은 왜병에게 붙잡혀 적국에 온 일을 말하는 것이 아닐까.

사후 번 어용 화가가 그린 그의 캐리커처도 유명하다. 두 손으로 커다란 붓을 든 빡빡머리 노인이 웃으며 섰는데, 바짓가랑이를 무릎까지 걷어 올린 모습이 우스꽝스럽다. 그는 죽어 아미타지에 묻혔다. 주군 나오시게 가문과 연이 깊은 사찰이니 죽어서도 주군 곁을 떠나지 못한 셈이다.

아미타지를 찾아가려고 사가역에 내린 시간은 아침 7시 50분 무렵이었다. 플랫폼을 빠져나가 대합실 문간에 자리한 관광안내소를 찾았다. 하나뿐인 직원이 막 출근해 문을 여는 시간이었다. 용건을 말하자 "자전거를 세우고 오겠다"고 잠시 자리를 비웠다가 곧 돌아왔다. 홍호연을 어떻게 발음해야 할지 몰라 한자로 써서 보여주었다. "아! 고 코젠데스네." 성명 모두 음독이구나 싶어 내가 고개를 끄덕이자, 사가 시가지 지도에 아미타지 위치를 표시해 가며 친절하게

▲ 후쿠오카 고세이지 홍호연 묘석

설명해 주었다. 사가역에서 한 정거장 떨어진 곳이었다.

위압적으로 보일만큼 높고 큰 본전 옆이 바로 묘지였다. 몇 백 평 돼 보이는 묘지 한가운데 자리 잡은 묘소에 '운해호연거사(雲海浩然居士)의 묘'라 새겨진 돌이 섰고, 그 아래 시들지 않은 꽃이 꽂혔다. 죽어서 본명을 겨우 되찾은 셈인가. 그 앞에 선 말뚝에는 일본어로 '홍호연의 묘'라고 씌어 있다. 지금도 홍씨 성을 버리지 않고 있다는 후손들이 자주 참배 온다는 것을 알 수 있었다. 사찰 본전에는 묘비명과 똑같은 위패가 모셔졌는데, 우리네 지방 틀 같은 위패 모습이 너무 낯익었다. 이루지 못한 망향의 비원을 품은 듯하였다.

▲ 일요상인 여대남 좌상도

묘 앞에는 파란 많은 그의 일대기가 간략히 적힌 안내판이 서 있는데, 그가 나베시마를 따라 일본에 와 귀화했으며, 대를 이어 모신 나베시마의 아들이 죽자 순사했다는 내용이다. 이에 대하여 고 이진희 교수는 "주군의 죽음을 슬퍼해서가 아니라 너무 늙어서 귀국의 비원을 풀지 못하게 된 것을 비관한 것이었다"고 보았다.

호연과 친하게 지냈다는 여대남(余大男)은 규슈 중부의 거점도시 구마모토(熊本)에서 한 맺힌 일생을 보냈다. 호랑이 같은 무장 가토 기요마사에게 붙잡혀 온 탓이었다.

그도 교토 오산 유학생으로 알려져 오다 최근의 연구에서 교토 로쿠조코우인(六條講院)에서 공부한 사실이 밝혀졌다. 그는 왜병에게 잡힐 때 말이 통하지 않자 지필묵을 청해 당나라 시인 두목(杜牧 803~852)의 유명한 시구를 써 보였다. 그것을 받아 본 기요마사는 놀랐다.

獨上寒山石逕斜
독상한산석경사·홀로 오른 심산에 돌길은 비탈 되어
白雲生處有人家
백운생처유인가·흰 구름 피어나는 곳에 인가가 있네

 이 신동이 너무 귀엽고 가여워 기요마사는 옷을 벗어 입혀주고 식사 때는 음식을 나누어주었다 한다. 데리고 돌아가 평생 가까이 두고 자랑삼을 생각이었을 것이다. 산중에서 붙잡힌 어린아이가 그런 시를 쓰는데 놀라지 않을 사람이 있을까. 그때 대남의 나이 여덟 살이었다고도 하고, 열세 살이었다고 한다.
 아버지 편지를 받기 전까지는 천애고아라고 생각했다는 편지글로 보아 여덟 살 때였다는 게 맞지 않을까 싶다. 열세 살이었으면 부모와 떨어지게 된 대략의 경위는 알 수 있었을 것이다. 편지에는 그 순간 "아버지에게서 배운 대로 시퍼런 칼날도 겁내지 않고 시문을 썼다"고 적혀 있다.
 그는 1611년 12월 24일 주군 기요마사가 죽은 뒤 행한 법문에서 조선 사람이라는 '비밀'을 밝혔다. "8살 때 부모를 잃고 전쟁고아로 떠돌다가 왜군에게 잡혀 목숨을 부지하게 되었고, 기요마사공의 은혜를 입어 오늘에 이르렀다"고 실토한 것이다.
 호연처럼 그도 진주성 함락 때 포로가 되었다. 경남 하동군 양포면 박달리에서 양반 여수희(余壽禧)의 아들로 태어난 그는 친척이 주지로 있는 근처 보현암(普賢庵)에서 글공부를 하다가 왜병에게 붙잡혔다. 진주성 전투 후 울산 본진으로 돌아가던 기요마사 군의 습격을 받은 것이었다.

대남은 모르고 있었지만 그의 아버지도 왜군의 포로가 되었다가 천행으로 귀환한 사람이다. 선조 34년(1601) 6월 〈선조실록〉에 나오는 귀환인 명단에 나오는 여수희가 그이다. 그가 행방을 모르고 있던 아들이 일본에 잡혀갔다는 소식에 접한 것은 1607년 하동 출신 통신사 사행원에게서 "교토 오산에서 아들을 만났다"는 이야기를 들은 것이 처음이었다. 그리고 오랜 세월이 지나, 하동 출신 귀환포로 하종남에게서 아들이 구마모토 혼묘지(本妙寺)의 승려가 되었다는 구체적인 사실을 알게 되어 편지를 썼다.

아버지는 이런 경위를 밝히고 30년 만에 아들이 살아 있다는 사실을 알고 뛸 듯이 기뻤다는 말끝에 "너는 일본에서 아무런 부족 없이 편안하게 살고 있어서 돌아오려 하지 않느냐. 내 나이 58세, 어머니는 60세다. 전란은 힘들고 괴로웠지만 지금은 식구들도 변함없고 노비들도 많아서 남들이 부러워하지만, 자식을 잃어버린 것이 원통하구나!"라고 썼다. 1620년의 일이다.

편지를 받은 대남도 기쁘기는 마찬가지였다. 그러나 고심 끝에 보낸 답서에는 남의 녹을 먹고 있는 처지여서 마음대로 돌아가지 못하는 심경이 길게 설명되어 있다. "원통한 것은 제가 오늘까지 주인의 녹으로 먹고 살고 주인의 의복을 입고 자란 것입니다. 그래서 이토록 참기 어려운 것입니다. 엎드려 아뢰옵니다. 이제 몇 년 마음 편히 기다려 주십시오. 이 편지를 가지고 이 나라 장군과 주수(州守·영주)에게 귀국을 읍소할 생각입니다."

첫 편지를 보내고 2년 동안 그는 주군의 마음을 사 보려고 백방으로 노력한 것 같다. 눈물로 호소하기도 하고 절규하기도 하였다. 그러나 기요마사의 아들 가토 다다히로(加藤忠廣 1601~1653)는 냉혹하였다. 청을 들어주기는커녕 오히려 감시를 강화하였다. 다음 편지에서 자신의 신세를 새장에 갇힌 새 같다고 한 것이 그 때문이었다.

지금도 혼묘지에는 부자간에 주고받은 편지들이 보관되어 있다. 영주와 쓰시마(對馬島) 번주에게 선물할 매 두 마리를 보내달라는 편지가 눈길을 끈다. 매 선물로 그들의 선심을 사고 싶다는 것이었다.

아버지에게 쓴 편지에 이런 구절도 있다. "(잡혀와 머리 깎고 중이 되라는 명을 받은) 그날부터 오늘에 이르기까지 다만 법화경을 외우고, 아침저녁으로 고뇌에 시달리면서 추위도 굶주림도 잊고 살았습니다. (중략) 우리 선조가 대대로 악업을 지어 재앙을 받은 적이 없음에도 불구하고 무슨 죄가 있어서 외로운 저의 몸이 이토록 오래 멀리 떨어져 내버려지게 된 것일까 하고 말입니다." 30년 가까이 부모와 나라를 그리며 괴롭게 산 고초의 흔적이다.

신변에 관한 이야기는 특별한 게 없다. "이 나라에는 마음을 통할 친구가 없습니다. 다만 거창의 이희윤, 진주의 정적, 밀양의 변

사순, 산음(산청)의 홍운해, 부안의 김여정, 광양의 이장 등 대여섯 명과 아침저녁 고국사정이나 자신의 일에 대하여 이야기를 나눕니다" 하는 사연으로 보아 외롭게 지낸 것을 짐작할 수 있다.

아침저녁으로 만난다는 말로 보아 조선 포로들이 가까이 살았던 것 같다. '산음의 홍운해'는 사가번의 홍호연을 이르는 것인데, 멀리 떨어진 그와도 만날 기회가 더러 있었던 모양이다.

교토 유학을 마치고 구마모토로 돌아간 그는 오래지 않아 고승의 반열에 올랐다. 니치요조우닌(日遙上人)이라 불리며 중생의 존경을 한 몸에 받았다. 일요는 법명이고, 상인이란 말 그대로 지덕을 고루 갖춘 스님을 이르는 존칭이다. 그는 약관 34세에 기요마사 가문의 보리사인 혼묘지 제3대 주지가 되었고, 79세에 입적하여 그곳에 묻혔다.

상인이라 불리며 일본인들의 존경을 받은 스님은 후쿠오카(福岡)에도 한 사람 있었다. 니치엔조우닌(日延上人)이라 불린 사람인데, 역시 기요마사 군대에 누이와 함께 잡혀온 이 남매의 이름은 지금까지 알려지지 않고 있다.

일곱 살 때 끌려온 그는 후쿠오카 호조지(法性寺)에서 출가하여 16세에 교토에서 유학하였고, 19세부터 멀리 에도 지방까지 다니며 수행에 힘써 39세에 일련종(日蓮宗) 종조의 탄생지에 건립된 단조지(誕生寺) 18대 주지가 되었을 정도로 인정을 받았다.

바둑의 고수였던 그는 자주 후쿠오카 영주 구로다 다다유키(黑田忠之)에게 불려갔다. 바둑의 수를 배우려는 구로다가 어느 날 아무리 기다려도 일요가 오지 않자 가신에게 까닭을 물었다. "간밤에 내린 비로 성으로 통하는 다리가 끊겼다"는 말을 듣고, 그는 웬만한 비에는 끄떡없을 돌다리를 놓도록 지시하였다. 그 다리 머릿돌이 지금도 그가 창건한 고세이지(香正寺)에 남아 있다. 상인교로 불리던 다리는 도시계획으로 헐리고 머릿돌만 남은 것이다.

향수병에 걸렸던 일요상인은 만년에 조국으로 통하는 바다가 보이는 곳에 살고 싶다는 욕망을 억제하지 못해 바닷가에 묘안지(妙安寺)라는 사찰을 창건하였다. 거기서 기도생활에 열중하다가 77세에 입적, 그곳에 묻혔다.

그의 누이는 임진왜란의 장수 우키다 히데이에(宇喜多秀家)의 가신 도가와 다쓰야스(戶川達安)의 측실이 되어 안락한 일생을 보냈다고 한다. 그러나 적국 장수의 측실생활이 정말 안락했을까.

일요상인의 흔적을 더듬어보려고 물어물어 고세이지(香正寺)를 찾아갔는데, 아무리 둘러보아도 상인교 머릿돌이 보이지 않았다. 도리 없이 눈에 띈 사람에게 물었다. 정장 차림의 50대 부인이었다. 부인은 본채 바로 앞 녹지를 가리키며 웃었다. 바로 앞에 두고 찾는 게 우스웠던 모양이다. 부인은 그 절 주지의 부인인 것 같았다. 머릿돌이 생각보다 작아 눈에 띄지 않았나 보다. 그 시절 사람과 우마차 다니던 다리였다는 생각을 못한 탓이다.

내친 김에 상인의 무덤까지 물었더니 본채 왼편 세 개의 무덤 가운데 오른쪽 것이라 하였다. 가운데 큰 묘석은 영주의 부인 것이었다. 역시 창건자보다 권력자를 더 대접하고픈 게 인지상정인가. 글씨가 잘 안 보여 가까이 가 들여다보니 한자로 '日遙聖人(일요성인)의 墓(묘)'라는 글씨가 희미하게 보였다. 상인에서 '성인'으로 추앙된 것이다. 요인의 무덤이라고 잘 다듬어진 석물을 삼층으로 쌓고 그 속에 골 항아리를 넣었으리라.

후쿠오카 지하철 도진초(唐人町) 역에서 멀지 않은 묘안지에도 그의 묘지가 있다. 조선 포로들이 많이 살았다고 도진초라 불리던 곳이어서 유적들이 가까이 있었다. 그가 창건한 사찰이라서 분골을 모셨을 것이다. 사찰과 주택이 밀집한 동네 막다른 골목 안이었다. 입구 오른편 묘역 '역대의 묘' 표석 옆에 우뚝 선 돌에 '開山 可觀院 日延上人(개산 가관원 일연상인)'이란 글씨가 분명해 식별이 쉬웠다.

고향이 그리워 바닷가에 창건했다는 말이 생각나 아무리 둘러보아도 바다는 보이지 않았다. 수백 년 도시가 발전을 거듭하는 사이, 계속된 매립사업으로 번잡한 도심지가 된 탓이리라.

발품을 팔아 찾아간 묘안지는 인적이 없어 적요하였다. 묘지에 꽃 한 송이 없는 것이 홍호연의 묘와 대조적이었다. 수많은 후쿠오카 관광객이나 현지 교민 참배객 한 사람이 보이지 않았다. 하긴, 일요상인이 누구인지, 왜 거기 묻혔는지를 모르는데 찾아볼 사람이 있을까. 고향이 그리워 바닷가에 묻힌 사연도 모르는데 어찌 무심하다 할까.

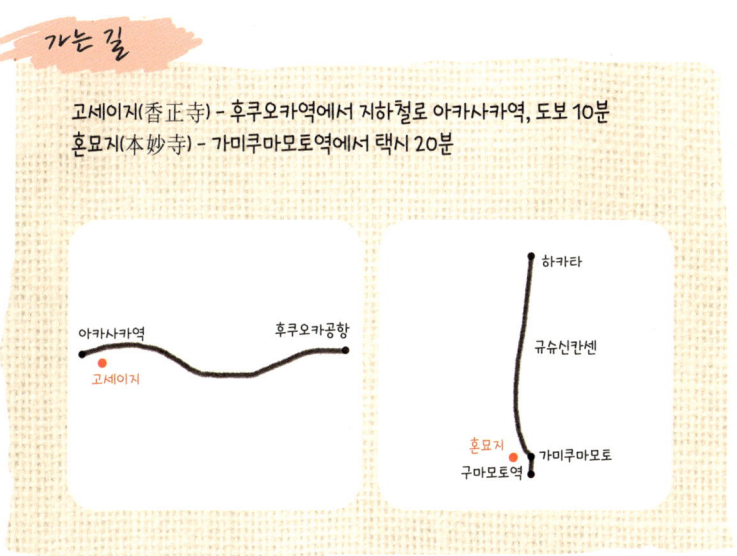

가는 길

고세이지(香正寺) - 후쿠오카역에서 지하철로 아카사카역, 도보 10분
혼묘지(本妙寺) - 가미쿠마모토역에서 택시 20분

작가의 말

 서애 유성룡의 『징비록』을 읽을 때마다 충격을 느낀다. 조선이 어떤 나라였기에 그토록 허약하게 무너질 수 있느냐는 한탄을 억누르기 어렵다.
 예고되었던 왜란이 일어났는데도 조정이 어쩌면 그렇게도 철저하게 무능했던가! 일선 방위를 맡은 군대는 왜 그리 허약했던가!
 심상치 않은 적의 기미를 탐색해 보라고 보낸 통신사의 보고는 '왜변 가능성 농후함'이었다. 마땅히 해안 방비를 튼튼히 하고, 요소요소 성곽을 정비해 방위태세를 갖추는 것이 나라를 경영하는 자들의 존재 이유일 것이다. 그러나 그때 책임 있는 자리에 앉았던 사람들이 한 일은 공허한 입방아질과 도망질이었다.
 왜변의 급보를 받고 조정이 허둥거린 일은 웃음거리였다. 당대 최고의 장수라는 사람을 남쪽으로 보내 방비하게 하였다. 그런데 그가 데리고 갈 군사가 없었다. 한양의 정예병사라고 그에게 부여

된 병력이 300명이었는데, 그들은 칼 한 번 구경해 본 일도 없는 백면서생이거나 여염집 남정네들이었다. '서류상의 병력'일 뿐이었던 그들이 슬금슬금 자취를 감추어, 사흘을 기다리던 장수는 혼자 남쪽으로 떠나갔다.

일선의 군대도 한심하기는 마찬가지였다. 왜적이 부산 앞바다에 이르렀을 때 부산 첨사는 영도에서 사냥을 즐기고 있었다. 왜적의 배가 새카맣게 몰려오는 것을 보고 혼비백산한 그는 성을 버리고 달아났다. 공포 몇 발로 왜적은 무혈입성하였다.

경상도 방위를 책임진 사람을 비롯해, 각 지방 수령들은 관복을 벗어던지고 달아나기 바빴다. 오직 동래성에서만 부사 송상현이 분전하다가 순절했을 따름이다.

더 한심한 것은 임금과 조정 대신들이었다. 무주공산을 달리듯 왜적이 파죽지세로 올라온다는 소식에 임금은 서둘러 파천 길을 떠났다. "도성을 버리지 마소서." 종친들이 편전 문 앞에서 읍소하는 소리를 못 들은 체하였다. 그러면서 그는 하루빨리 중국에 내부할 궁리에만 골몰하였다. 나라를 통째 중국에 갖다 바치겠다는 임금을 말린 것이 조정 대신들이었으니, 그만해도 다행이라 할 것인가.

왕도정치를 입에 담고 살던 사람들이 백성이야 도륙이 되건 말건 억수같이 퍼붓는 비를 맞으며 도망질친 광경은 웃지 못할 희화였으리라. 성난 백성들이 텅 빈 궁궐에 불을 지르고, 돌팔매까지 날아든 파천 길이었다.

이런 국난의 대명사 임진왜란은 떠올리기도 싫은 말이다. 명나라 원병과 곳곳에서 일어난 민중의 창의 덕분에 나라를 건진 것은 천운이었다.

왜군이 남해안에 성을 쌓고 농성을 하는 동안 명과의 강화 교섭이 깨져 다시 일어난 전쟁이 정유재란이었다. 그때 이순신이 없었다면 나라 운명이 어떻게 되었을까.

그 전쟁의 재침은 예고되어 있었다. 그런데도 그것을 예비하지 못한 책임이 이순신 장군에게 떨어졌다. 그 책임의 소재와 시비는 역사학자들 몫이다. 그러나 이순신이 활약한 정유재란은 임진왜란의 치욕을 씻어준 전쟁이었으므로 몇 번이고 되돌아보고 싶은 자랑스러운 역사다.

임진·정유 양란을 통틀어 남해와 서해를 지키지 못하고 왜군에게 보급로를 열어주었다면, 조선은 그때 스러지고 말았을 것이다. 길목마다 지키고 선 의병이 두려워 육로를 포기하고 바닷길을 택하려던 왜적은 이순신 수군에게 가로막혀 패망하고 말았다. 그 한 사람이 있어 나라를 보전하였으니 하늘이 낸 사람 아니었던가.

그 가상한 역사의 현장을 늘 가보고 싶었다. 주로 남해안에 있어 언제든 가볼 수 있다는 마음을 품고 있었는데, 우연히 순천과 울산의 왜성을 보러 갈 기회를 만났다. 한 달에 한 번 순천대학교에 가는 1박 2일 여행이었다. 산을 좋아하여 갈 때마다 조계산, 또는 지리산 다니는 즐거움을 덤으로 즐겼는데, 2016년 어느 날 지리산 산행 계획이 틀어져 순천왜성을 찾은 것이 계기였다.

순천왜성 유적은 놀라움 그 자체였다. 허물어진 성터가 복원되어 옛 모습을 떠올려 볼 수 있었다. 그때 조명연합군이 성을 공격하여 벌어진 전투 상황을 명군 화수가 그렸다는 정왜기공도征倭紀功圖가 도판에 복사되어 전시되어 있었다. 전력이나 전술적 여건이 압도적으로 우세한 전투를 이기지 못한 일이 놀라웠다.

울산왜성을 가본 것은 같은 시기 해군 함정 건조 기념 진수식 행사에 초청받은 때였다. 행사를 마치고 가본 울산왜성, 왜적 종군 화수가 그린 전투 상황도 역시 똑같은 놀라움이었다. 먹이 하나를 두고 겹겹이 싸고 들러붙는 개미떼처럼, 수만 명의 조명연합군이 울산왜성을 수십 겹 포위하고 1,000여 명을 공격한 전투에서 패주한 일은 아직도 풀리지 않는 불가사의다.

주말을 틈타 둘러본 남해안 곳곳의 왜성과 유적마다 흥미진진한 이야깃거리를 품고 있었다. 지금도 탄식을 금할 수 없는 부끄러운 패전이 있는가 하면, 잠결에 들어도 통쾌痛快 무비無比한 승첩도 많았다. 울돌목 사나운 물길로 유인해 통쾌하게 일본 수군을 대파한 명량대첩의 감동은 아직도 가슴속에 쿵쾅거린다.

그런 감동과 통한을 오롯이 표현할 재주가 없음은 한탄스러운 일이었다. 특히 이순신 장군이 산화한 노량해전 이야기는 지금도 가슴 떨리는 안타까움으로 새겨져 있다.

그 전쟁 때 잡혀 일본에 끌려간 수많은 전쟁 포로 이야기까지 아우르게 된 것이 출판의 계기가 되었다. 신문사 특파원으로 도쿄에 주재할 때 맞은 임진왜란 400주년 기념 기획물을 취재한 경험을 살려 일본의 몇몇 현장도 둘러보았다.

일본에 남은 현장 중에는 '규슈 올레길'이 조성되어 한국인 관광객이 모여드는 곳도 있다. 일본의 출진 기지였던 규슈 북단 나고야 성터 일대. 400여 년이 흐르는 사이 역사가 이렇게 변전되었다는 사실은, 또 달리 바뀔 수도 있다는 이야기가 될 것이다. 역사 앞에 겸허해야 할 이유가 거기 있다.

보잘 것 없는 탐방기를 선뜻 상재하게 해 주신 도서출판 상상 김재문 발행인, 정수연 편집위원과 편집부 여러분께 깊은 감사의 말씀을 올린다. 디지털 세상의 출판업 사정을 모르지 않는 필자로서는 그저 고맙고 감사할 따름이다.

2019년 5월

목동 우거에서 문창재

정유재란 격전지에 서다

ⓒ 문창재 2019

1판 1쇄 발행 2019년 5월 27일

지은이   문창재
펴낸이   김재문

책임편집 정수연
펴낸곳   도서출판 상상
출판등록 2010년 5월 27일 제321-2010-000116호
주소   (06651) 서울시 서초구 반포대로 14길 71 서초에클라트 1508호
전화   02-588-4589
팩스   02-588-3589
홈페이지 www.sangsang21.com

ISBN   979-11-960641-5-0 03910

* 이 책의 판권은 지은이와 도서출판 상상에 있습니다.
  이 책 내용의 일부 또는 전부를 재사용하려면 사전에 양측의 동의를 받아야 합니다.

* 이 도서의 국립중앙도서관 출판예정도서목록(CIP)은 서지정보유통지원시스템 홈페이지(http://seoji.nl.go.kr)와 국가자료공동목록시스템(http://www.nl.go.kr/kolisnet)에서 이용하실 수 있습니다.(CIP제어번호: CIP2019017743)